ミネルヴァ現代叢書1

〈花〉の構造

—日本文化の基層—

石川九楊著

ミネルヴァ書房

はしがき

難波津に咲くやこの花冬ごもり　今は春べと咲くやこの花
（奈尓波津尓佐久夜己乃波奈夫由己母利伊真者々留部戸佐久夜己乃波奈）

万葉仮名で木簡に記された最古層の日本の歌は春の花をこのように歌い上げている。現在でも、家の軒先に鉢植えが並べられ、部屋には花が生けられる。春になると花見に浮かれ、秋には紅葉狩りへと誘われる。花の道、華道というごく身近な芸道もある。また、着物はもとより寝具や衣類、布地には、花柄文様が溢れかえっている。食用に供する菊にとどまらず、料理の皿には花の絵が描かれ、小さな花が料理の皿に添えられることもある。

花、花、花――むせかえるような花に日本人の生活は取り囲まれている。むろん花が愛されるのは、日本にとどまるものではないだろう。だが、日本語の歴史とともに歩んできた〈花〉には、特異な意味が重畳している。

「日本語において〈花〉とはなにか」を構造的、歴史的に解き明かすことができれば、日本文化について大部を語ったことになるにちがいないという思いから一書を認めることになった。

日本語における〈花〉（はな・ハナ）の本質とそのひろがりとを見定め、愛憎あい半ばする〈花〉の構造に迫ろうと試みたものである。

「はしがき」を書き終えて、ふと我に返ると、ラジオから、

花は　花は　花は咲く　いつか生まれる君に
花は　花は　花は咲く　わたしは何を残しただろう

という歌声が流れてきた。この国では二〇一一・三・一一に始まる手のつけられない原子力災害への対策と津波被害からの復興の象徴として、〈花〉の歌が選ばれている。七世紀後半に書きつけられたとほとんど変わりのない歌が、二一世紀の日本で大々的に流れてくる。

〈花〉の構造——日本文化の基層

目次

第一章　〈花〉と日本人

花鳥風月と日本人

「美しい日本の自然」「四季のうつりかわりの美しい日本」——旅行会社のパンフレットにとどまらず、女性雑誌や新聞広告のタイトルはこのような常套句《フレーズ》に溢れている。そして日本人の多くはこう信じて疑わないようだ。このような共通認識がなぜ生じ、どのような機構《からくり》で再生産されつづけているかを考えてみることとした。題して「〈花〉の構造」である。それはユーラシア大陸の東海の弧なりの列島にあって、日本語という言語を用いている私たちは、今どこにいて、どのようなスタイルを生きているのかを内省的につかむためである。

春を過ぎ夏へと向かう季節になると日本のいたるところでアジサイが咲いている。昔からの伝統的な紫色や桃色のアジサイのほかに、花の色が控えめなガクアジサイくらいは誰もが知っていることだろう。しかし今は花弁が三重になっているものなどいろんな種類のアジサイがある。初夏のカキツバタ、アヤメ、ハナショウブあるいはイチハツの花はいずれもよく似ていて、見馴れた人でなければ区別がつかない。私たちはおそるべき種類の〈花〉に囲まれている。

〈花〉というのは文化的なものである。自然に咲いている〈花〉を我々はそのまま美しいと思って見ているわけではない。たとえば、名前を知っているアジサイやアヤメ、カキツバタについては特別な目で見ることになれている。ところが、そのあたりの雑草が小さな〈花〉をつけていても、歌や俳句にとりあげられることもなく、名も知られず、文化的になじんでいないから、つい知らぬ顔で見すごしてしまう。それどころか簡単に踏みつけてしまったりもする。このように〈花〉を楽しむというのも文化的な現象である。そういう文化的な現象としての〈花〉についてこれから少し考えていきたい。

日本には各年代向けの女性雑誌がある。ある年代以上に向けた婦人雑誌には、しきりに花の話題がとりあげられている。華道の話、「花鳥風月」、花柄の衣類であったりと。そこには日本人、とりわけ女性が〈花〉が好きだということがある。たとえば、国文学者の西田正好は『花鳥風月のこころ』（新潮選書、一九七七年）の中で次のように書いている。

生活様式の急速な変化に伴い「花鳥風月」という言葉は、もはや俳句や和歌の世界にしか生きていない。しかし、この歴史のかなたに遠ざかりつつある言葉こそ、豊かな自然観と密接なかかわりを持っていた日本古来の〝こころ〟であり、永々と日本文化の根底を流れ、伝統芸術を生み育ててきたものに外ならない。

なるほど、と思わせる。ただし、「花鳥風月」という四字熟語は漢語であって日本固有のものではないから、そこにはすこし疑問符をつけておかなければならない。「花鳥風月」――これは日本の言葉である以前に漢語であり、中国や朝鮮半島とも関係の深い言葉である。そのことには注意しておきたい。

この本の推薦文の中で、評論家・森本哲郎がこう書いている。

日本人は自然を愛する民族だという。だが、自然といっても、その様相は国によって、それこそ雲泥の相違がある。日本人が自然を「花鳥風月」に置きかえて愛しつづけてきたのは、この国の自然が愛することができるほど優しいからなのである。

「この国の自然が愛することができるほど優しい」――なるほどそうとも思わないわけでもない。しかし、なぜ日本人が「花鳥風月」や「雪月花」を愛しつづけてきたのかは、深く省察する必要がある。

砂漠のような乾燥地帯もあれば、あるいは北極のような雪面ばかりの極寒の地方もある。その中でも人間は生活している。それらと較べれば、たしかに四季のある日本の自然は優しいと言えるかもしれない。しかし、突発的な大洪水や台風、あるいは地震、火山の噴火などを考えるとこの国の自然が優しいとはいちがいに言い切れるものではない。

雪月花と日本人

「花鳥風月」と同じようによく使われる言葉に「雪月花」がある。「ゆき」「つき」「はな」である。このような「花鳥風月」や「雪月花」という語は婦人雑誌や旅行雑誌では必ず登場すると言ってもいい。円山公園の桜、高尾、栂尾の紅葉など京都を語るときには、例外なくこの「花鳥風月」と「雪月花」が取り上げられる。評論家の栗田勇は『雪月花の心』という本の中で次のように書いている。

さて、文化というつかみどころのないものを考えるために、日本の文化の特徴をとらえるキーワード、あるいはシンボルというものを一つ取り上げたいと思います。それは「雪月花」というものです。この「雪月花」を、別々ではなくて、三つ合わせて一つのコンセプトとして、われわれは考えております。これは一つの日本人の生き方を示すものでした。

これも、まぁそのようなものだろうと思わせる。日本人は〈花〉であるとか「鳥」であるとか、「月」、あるいは「雪」に親近感をもち、それらを愛でながら生きるという文化の中に生きている。春になれば花見に出かけ、秋になると紅葉狩り。京都の観光地には紅葉の葉の天ぷらという食べ物まである。

「雪月花」を特別視することになった原因の第一にあげられるのは、和歌である。和歌は、四季――春夏秋冬を歌い上げてきた。その営みを通じて日本人は「花鳥風月」や「雪月花」と非常に親しく生きてきた。今のグラフィックデザイナーが、日本をテーマにデザインするとき、たいてい「花鳥風月」や「雪月花」を取り入れようとする。

人間は文化的にしか生きていけない

〈花〉というのは文化的なものである。人間は自然としての〈花〉を見ているわけではない。土筆《つくし》の上に穂がある。あれも〈花〉だが、色が地味なためかあまり美しいとは言わず、黄色い菜の花のように咲き開いた〈花〉のほうを美しいと見る。これは、文化的ないとなみである。食べ物ならもっとよくわかる。土用の丑の日には、絶滅危惧種とされるようになったウナギを、日本人がこぞって食べる。アメリカ人はウナギをヘビの仲間だと言ってあまり口にしない。反対にわれわれはほとんど蝸牛《かたつむり》を食べないが、フランス人はエスカルゴを珍味だとする。若き日にハワイに行ったとき、アメリカ人に勧められて、口にした中華料理は、蛙の脚の天ぷらだった。後から説明されて仰天したが後の祭り。このように蛙、鰻、蝸牛が美味しいというのはどこまでも歴史的、文化的なものである。

人間は文化的にしか生きようがない。文化的に生きていないものはサルと同じように生物学上のヒトである。ヒトは人間の基盤ではあるがすべてではない。ヒトは文化的に生きることによって人間を獲得するのだ。文化は、英語ではカルチャー（Culture）、「耕す」こと。耕されてできてきたものが、欧米では文化という言葉の原義だが、東アジアではこれを文字が化けたもの、だと規定する。

もうひとつ、文化に似た言葉に、「文明」がある。一般に、文明は広いもの、文化は狭いもの、文化は文明より小さいものだという程度の区分けで済ませている。だが東アジアでの文明は文字通り、「文字」と「文」によって明るみに出す、エンライトメント（enlightenment）することである。暗いところに光を当ててこれを啓く、これを啓蒙というが、これが「文明」である。文字を知り文を知ると、言葉の世界が一気に広がっていく。いろいろな認識、表現が一変し、それに伴っていままでになかった新しい物もつぎつぎと生産されていくのである。

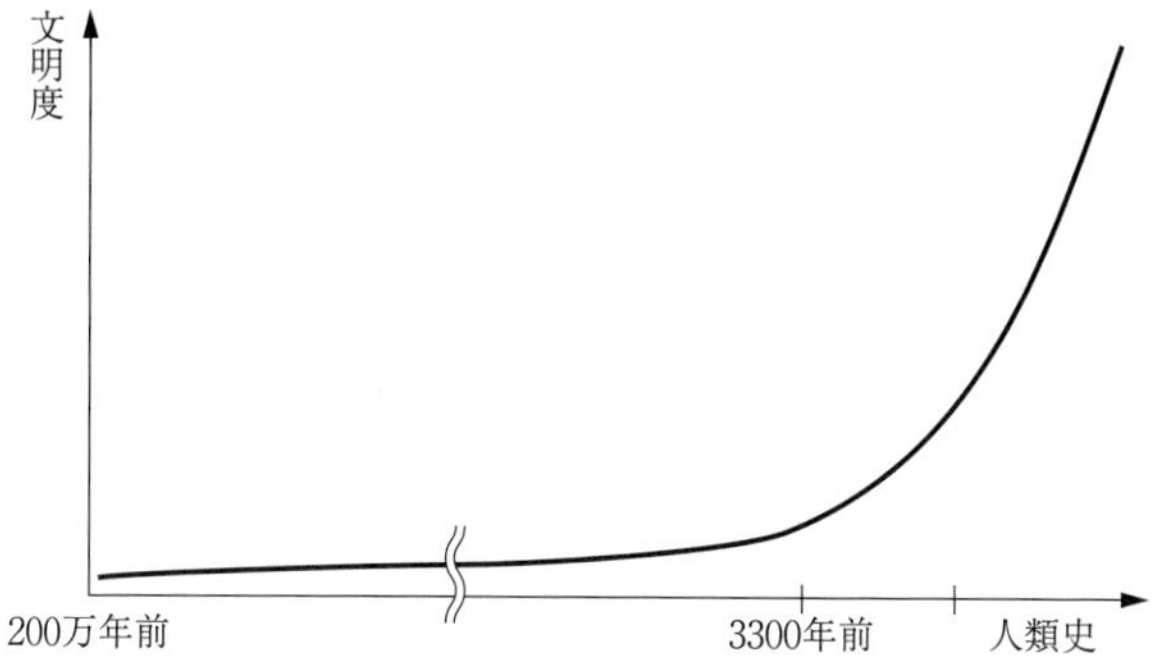

人類の営みと東アジアの文明度の関係

人類史は二〇〇万年と言われる。その長い歴史のなかのわずか三三〇〇年前に、東アジアでは、文字が生れ、ここから急速に人類が文明化社会に入っていった。その時間は人類史全体のわずか〇・〇一六％未満にすぎない。人類史上、人間は話し言葉を獲得することによって、表現が豊かになり、それにつれ生産物もいろいろと増えていった。やがて東アジアでは、三三〇〇年前に文字を覚え、書くことを覚えたところから急速に文明化段階に入り、社会的関係、生産物が激変していった。それが良かったかどうかはわからない。しかし、どうあれ、その後は人間は文字＝書く言葉を使うものでしかありえなくなった。

生存しているのは生物としてのヒト。ネコもイヌも生きているが、そういう生存ではなく人間は生活をしている。もちろん生活のベースには生存がある。しかし生存は人間にとって十分条件ではない。人間がヒトと違うのは人の間と書くようにヒューマンビーイング（Human being）、人と人との間柄を生きているから。人間は、文字すなわち書く言葉を獲得し、そして文明、文化を手に入れたのだ。

話し言葉、書き言葉、そしてネット言葉

言葉には話し言葉（言）と書き言葉（文）とがある。そして、両者の間には、書く言葉は内省を促す度合いが強いという違いがある。昨今ＬＩＮＥやネットに起因する事件が多数起きているが、あれは書く行為を通じて生れてくる言葉ではないことにも一因がある。キイに触れて文字に変換しているだけで書いてはいない。のみならず話してもいない。話し言葉は、相手を見ながらどのように聞いているのかということを確かめながら話していく。納得していないようだと判断すれば、違う言い方を探し、逆にそれは当然のことで聞くまでもないと感じているようなら、話をどんどん先へ進めていく。ところが、ＬＩＮＥやネットでは、目の前に相手がいるわけではないから、言葉にどう反応しているかがわからない。さりとて、紙に向かって自分自身に問いかけつつ、誰が読んでもその批判に耐えられるように普遍的に書いているのでもない。そうすると言葉だけがどんどん身勝手に自己運動し、過激になり、

やがては炎上していく。ものごとは同じところに止まらず必ず上方に進化するか、下方に進化するかのいずれかである。目の前の相手を失い、また普遍性を欠いた言葉は、どんどん過激なほうへ、また奇怪、奇妙、奇天烈なほうへと進むようになる。

現在、この奇妙な交通、交信手段とその通信言語がわれわれを翻弄している。その事実に早く気づいたほうがいい。新しいメディアを使っていろんなことができるようになったと有頂天になっているが、実際は逆にメディアに翻弄、愚弄され続けているのではないか。わずか十五年、二十年前にはパソコンもケータイ電話もスマートフォンもなかった。しかし、人間は現在以上にしっかりと子を産み、育て、家、地域、学校、職域等での共同を生きていた。多くの例を示すまでもなく、それが何よりの証拠である。

人間は言葉とともに文化的に生き、言葉を通じて物事を認識判断し、行動している。チューリップはかわいいと言い、ドクダミの花は恐いとか汚いとかあまり見たくないとも言う。それは文化的に規定されている。文化的というのは文字＝書き言葉によって社会的に歴史的に根拠づけられているということである。

漢字「華」は咲く花の姿を形どって生れた

〈花〉の語源

日本語において〈花〉とは何か、これがわかるといろいろなこと、そして世界が今までと違うかたちに見えてくる。日本語でものを考える場合、「雪月花」には「漢字語」と「ゆき、つき、はな」の「ひらがな語」の双方がくっついている。両方くっついて発せられている言葉が日本語である。〈花〉もまた、単一ではなく、「漢字語」の「花」と「ひらがな語」の「はな」の二つ——別々でありながらそれを合体したかたちでもっている。

中国語の場合は「華」は一つ。英語の場合はフラワー（Flower）の一つ。ところが日本語の場合は、「花」と「はな」の二つの異なった広がりをもっている。

中国語の「華」は「カ」。もともとは地面から生えている立花をかたどった象形文字が「華」。それを省略して西暦五〇〇年頃の北魏時代に「花」の字ができた。「華」

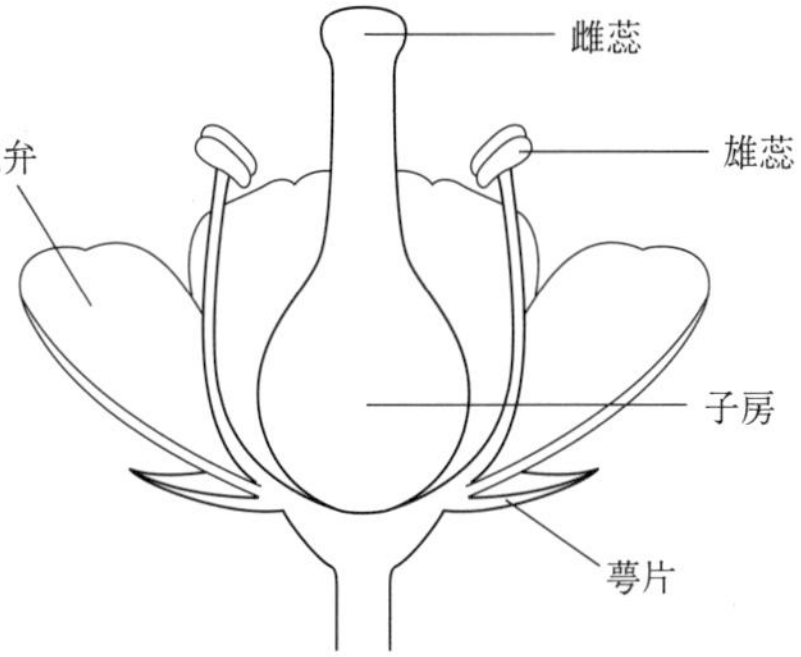

「花」は外部に曝された生殖器官

に手を偏としてつけた文字が「拝」。拝むという字は〈華〉を摘むときの形。〈華〉を手で引き抜く形からできている。中国語では「華」は自然の〈華〉の意味。この自然の〈華〉をかたどって漢字の「華」の字はできている。それに対して和語、ひらがな語の「はな」は「端」である。「はし」とも言う、「端」は「先端」の意味。先のほう、頭のところ、これが「はな」である。

中国にあった「華」は、当時の音は「ハ」。「華」という自然の〈華〉に対して、日本で書き言葉（文）のひらがな語にするときにこの文字に「はな」という音を当てた。かつて日本列島では、「端」も咲いている「花」も「はな」と言ったのだろう。しかし漢字が入ってきて、いろいろな表現が誕生した。『万葉集』の時代だろうか、歌を書くときに、咲いている植物に「はな」という言葉を当て、「はな」と発音することになった。それが語源的に考えたときの「はな」であり「花」である。

〈花〉は外部に曝された生殖器官

「花」があると場がやわらぎ、輝く。そして女性、あるいは性を連想する。いったいこれはどうしたことだろう。なぜ「美しい〈花〉がある」と思うか。なぜ誕生日に〈花〉を贈るのか。なぜ女性の服や内装品に〈花〉柄が多いのか。この答えは、〈花〉は植物の生殖器官だということにある。花には男の生殖器と女の生殖器と子宮がある。雄蕊は男性生殖器、雌蕊は女性生殖器、子房は子宮。ここで子どもがつくられ、種ができる。

植物と動物とは異なる。その根本的な違いはどこにあるだろうか。動物は生殖器を陰に隠す。ところが植物は逆にそれを人目に曝す。一番外側に光り輝くように生殖器、つまり「花」をさらしている――それが植物である。「曝された性器」と考えれば〈花〉がいかに魅惑的かがわかるであろう。このように、〈花〉は、草木の茎または枝に着生して有性生殖をなす生殖器官、すなわち性器であると定義づけられる。人間は性器を隠すが植物は性器を外部に向けておおっぴらにさらす。それが動物たる人間の側からは非常に魅惑的なのである。植物のそれは動物のものとは形も違い、色彩も鮮やかで、だからこそ魅惑的になる。第四章で触れることになるが、ここから、〈花〉と「性愛」「恋愛」の切っても切れない関係が形づくられている。

花、春、色

日本語の根元の方には〈花〉の語がある。そして〈花〉は「春」と「色」と密接につながっている。日本的なものと言われているものの根本に〈花〉と「春」と「色」がある。この三つの語で日本文化を解き明かすことができるといっても過言ではない。「花代」は芸者などにわたす金。京都の祇園町、先斗町、宮川町や上七軒、舞妓や芸妓がいる街は「花街」。〈花〉は美しいとか輝いているというだけにとどまらず、性愛に深くからんでいる。性の問題にからまって花街が成りたっているのである。それから京都を例にとれば島原に今も存在している「花魁《おいらん》」。要するに花街の上等な芸者、それから「花盛り」、イヌやネコが発情交尾することを「盛り」という。そういう意味で、「花嫁」、「花婿」というのもただ単におめでたい〈花〉というだけではなく、これから性の契りを交わす二人であるところの意味が「花」に含意されている。

そして性愛は日本語では「春」と密接に結びついている。「売買春」——春を売ったり買ったりするということは〈花〉を売ったり買ったりすること。すなわち性を売り買いするという意味である。「春情」というのは「色情」。ムラムラ性欲が沸くのが春情である。現在はほとんど消えてしまったが四半世紀くらい前までは、男子大学生は一杯飲んで、宴会《コンパ》をやると大きな声で酒を飲みながら猥歌を歌った。それが「春歌」、まさに春の歌、性の歌である。近年大きな脚光を浴びているのが男女のまぐわいの絵の「春画」展。美術雑誌が春画の特集をすると必ず売れるという。これは、江戸時代に発達した浮世絵、性交図絵である。

「色」もまた性と結びついている。「色男」、最近は「色女」もいるようだが、好色な男を色男、好色な女を色女という。女性であれば、「色香」もあがる。色香は女性の容色。「色気」は性的な魅力。色情狂という言葉もあるが、「色情」は「色欲」の強い人。このほかにも「色遊び」があり、「色狂い」もある。女性あるいは男性に入れあげてそれを追っかける、それが色狂い。性を好むのを「色好み」「好色」。江戸期、井原西鶴に『好色一代男』『好色一代女』『好色五人女』などの作がある。歌舞伎には男女間の恋愛の芝居「色事」があり、情事を得手とする人を「色事師」と呼ぶ。

	現在の日本	東アジアの古典
春	桃	青
夏	青	朱
秋	茶	白
冬	白	玄

季節の色彩感

春夏秋冬の色

このように日本語においては、〈花〉と「春」と「色」は密接に結びついている。〈花〉といえばその背後に「春」も「色」も写しこまれている。そういう日本語の厚みの中に〈花〉という語はできあがっている。

ところで、春夏秋冬を色でたとえたらどんな色になるだろうか。

これまで私が調べたところでは、おおよそ六割強、三分の二くらいの人が、「春」は桜の花の色「桃色」、「夏」は青い海、青い空の「青」、「秋」は紅葉の「茶色」、「冬」は雪の「白」と答える。しかし東アジア漢字文明圏では伝統的に「春」は「青」で「青春」、「夏」は「朱」で「朱夏」、「秋」は「白」で「白秋」、「冬」は「黒」、玄人の玄《くろ》で「玄冬」と考えた。これが古代中国に生れた季節・時間・方位と色の観念であった。この伝統に従って、かつては柱、今では相撲の土俵の天井の角には青房、赤房、白房、黒房が垂れ下がっている。青房は東、白房が西、赤房は南で、黒房が北である。

こういう色彩の哲学が東アジアにはあり、そこには青春という時期が

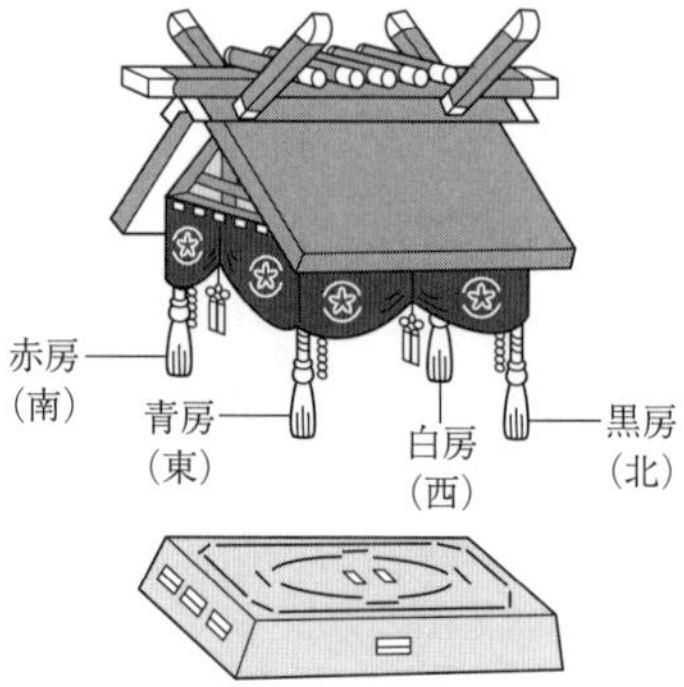

土　俵

ある。ところが今日本語では、青春以外はほとんど使われていない。辛うじて、歌人・北原白秋の名を知っている人には白秋が残っているような状態だ。朱夏は若い人にはなじみがなく、玄冬はほとんど聞いたこともないことだろう。この青春の春が〈花〉の季節。したがって、青春を謳歌するというのはまさに〈花〉の時期を楽しむことを指す。

　春夏秋冬の季節と性愛の間には深い関係がある。この二つは実は同じ事を別の面から語っている。自然現象である春夏秋冬の季節は、人間の側からは性愛に相当する。人間の四季は性愛であり、自然の性愛は四季であるという関係にある。人間の一生を四季で考えると、春が性愛の真っ盛りの時期。その盛りを過ぎて、最終的には玄（黒）い死に至る。このように一生は四季に喩えられる。四季は人間の一生を象徴しているのである。

『古今和歌集』と『源氏物語』

日本語の文学の中で、これだけは基本的教養として読み知っておかなければならない古典が三つある。第一は『古今和歌集』。これは日本で最初の勅撰のひらがな語の歌集である。この歌集は、基本的に春夏秋冬の四季の歌でできている。その中でも、春を一番大事にした歌集である。第二には、『源氏物語』。これは男女の性愛の物語。それともう一つ、『万葉集』である。この三つは日本語人に必須の教養書である。この三つのうち、『古今和歌集』と『源氏物語』の二つをおさえておけばその後の文学はそれらとの位置と距離関係から基本的なスタイルが読み解ける。この二つの文学の延長線上にできた文学か、あるいはこの二つに向けて対抗的にできているかのいずれかだからである。

歌は、万葉歌から、古今和歌に至り、その後に生れる中世の連歌からさらに俳諧、そして近代の俳句、短歌にいたるまで古今和歌の延長線上にある。この『古今和歌集』は四季の歌、『源氏物語』は性愛の物語。先にも触れたように、人間の四季が性愛であり、自然の性愛が四季である。つまり『古今和歌集』と約百年後に生れた『源氏物語』は相互に関係し合い結びついている。本書のテーマである〈花〉は四季の問題であり、性愛の問題であり、人間の一生の問題でもある。一生の中でも一番苦悩に満ち、それゆえ一番いい時代である青春のシンボルは「今が花」の〈花〉である。

現在の『万葉集』の多くは漢字かな交じりで印字されている。しかし『万葉集』が書かれた時代には、ひらがながまだなかったから、その歌はすべて漢字で書かれていた。その『万葉集』の中で「はな××」と「はな」を頭にもつ歌が一四六ある。一四六歌ある中で一一二歌が、漢字「花」の字を使っている。『万葉集』の時代では、「はな」には「ハナ」という二字の表音漢字を当てるよりも直截に表意漢字の「花」の字で表わした。これは漢字の「花」を駆使してその意味を主張する力のほうが「ハナ」という音をどうしても定着したいという指向よりも強かったからである。「花」の字の次が二字の漢字の音を当てた「波奈」、これが三十二歌ある。あと二つだけ例示すると、「播奈」と「波名」である。このように音であてる場合はたいてい「波奈」。「波」の字と奈良の「奈」の字を当てている。塩のことを別名「波の花」というが、この「波」は万葉仮名の「波奈」の教養、連想と関わりがあるかもしれない。それはともかく、圧倒的に多いのは「花」という漢字をそのまま使っている例。「花」の書きぶり、つまり漢字のすがた・たたずまいは、「ハナ」という音を前面に押し立てるよりも、万葉の歌人たちにとって大事であり、ふさわしいと感じられたのである。

〈花〉が紐を解く

『古今和歌集』の中には〈花〉と「性愛」を直接結びつける歌がある。

百草《ももくさ》の花の紐解く秋の野に思ひたはれむ人なとがめそ（246）

「百草」は百の草、たくさんの〈花〉のこと。「百草の花の紐解く」、〈花〉が紐を解く。それにしても〈花〉が下着の紐を解くとは、なんと大胆な比喩だろう。〈花〉と性愛についていかに深い連想があったことか。〈花〉が「帯」を解き、紐を解く。すなわち裸になる。たくさんの〈花〉が下紐を解いて、咲き乱れる秋の野で、心うち解けて戯れ遊びましょう、だれも野暮なことを言わないで、咎めないでね、という歌である。「思ひたはれむ」は、愛し合い、みだらなことをするという意味。

研究者の片桐洋一は、「いろいろな種類の花が咲き開く秋の野で、花々と親しく遊んでみよう。誰も、私を咎めないでほしいことよ」と釈しているが、この〈花〉は、自然の〈花〉であると同時に、〈花〉のような女性でもあることは言うまでもない。

『新古今和歌集』にも次の歌がある。

ふしておもひおきてながむる春雨に花の下紐いかにとくらむ

「ふしておもひ」――寝て思い、「おきてながむる」――起きて思う。別段春雨のことを思い、春雨を眺めるのではない。恋しい人のことを寝てもさめても考えているのだ。春は盛りの季節。雨は涙、涙雨。春だというのに泣いてばかり。いつになったら私のもとにあの人が来て、私は下紐を解くことができるのだろうかという歌。歌の中の春は性愛の季節のシンボルとして歌われている。これはひらがな語の「はるさめ」の例である。

漢字語の春の雨となると有名なのは宋代の士太夫にして大詩人・蘇軾の「黄州寒食詩」がある。

自我來黄州　我れ黄州に来たりしより
已過三寒食　已に三たびの寒食を過せり
年年欲惜春　年々春を惜しまんと欲すれども
春去不容惜　春去って惜しむを容れず
今年又苦雨　今年又た雨に苦しむ

兩月秋蕭瑟　　　兩月秋蕭瑟たり

私が黄州に来てからもう三年が経った。年々春をいとおしむ気持ちはあっても、春は過ぎ去ってしまい惜しむ間もない。今年はまた雨にも苦しめられ、二月は秋のようにわびしかったという意味だ。

この詩は、『新古今和歌集』のひらがな語の性愛とともにある「はるさめ」とは異なり、中国の高級官僚が、流刑地でのわびしい「春雨」を歎く、漢字語の政治詩である。

日本人論への切り口

ここで日本の文化を分析した論をいくつか検討してみる。近年世界中を市場原理主義文化（グローバリズム）が席巻し、国内各地方や世界各国の文化は溶解してしまったようで、世界中どこにも同じような風景が広がりつつある。その中で、日本のマスコミは、日本は美しいとか素晴らしいとか、クール・ジャパンと言われて日本がほめられているとか浮足立っている。だが、もう少し日本について冷静に分析し、日本の文化について掘り下げて考えていくことが必要だと思う。日本人というのは一体何者なのかを、冷静に考えたい。その意味で、少し、過去の代表的日本人論に触れる。

『風土』と『菊と刀』

昔から定評のある日本文化論のひとつに和辻哲郎の『風土——人間学的考察』（一九三五年）がある。ここでは、日本民族の特質は風土によって規定されているとする。世界にはモンスーン地帯、砂漠地帯、牧場地帯の三つの風土的・歴史的類型があり、熱気と湿気の結合した日本のようなモンスーン的風土では、「受容的・忍従的国民」をつくる。自分から何かを為すのではなく、あくまでも受け身で、人を頼りに行動する、しかし、少々のことは耐え忍ぶ、そういう国民なのだとした。また大雨と大雪の「熱帯的・寒帯的」また台風のように「突発的」という風土の二重性が、日本人の生活を二重性格にしているとも解く。当たっているところがあるように思う。その理由はともかく、どこか受容的、受け身的な国民、そういう性格はあるかもしれない。しかし、それをモンスーン地帯だからという季節、風土と結びつけるのは無理があると、当時から批判された。とはいえ一時期はこの和辻哲郎の『風土』は優れた日本文化論としてよく読まれたものであった。

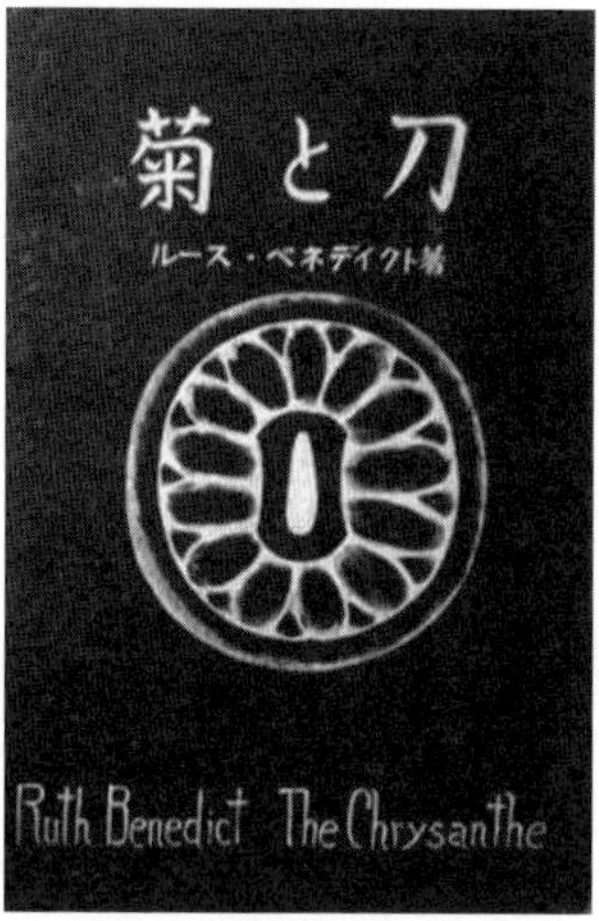

『菊と刀』

『風土』

敗戦後の占領期を代表し、よく読まれた日本論に、ルース・ベネディクト（Ruth Benedict）の『菊と刀――日本文化の型』（一九四八年）がある。その骨子として、日本文化は、よそ目を気にする「恥の文化」で、西洋はそれとは異なる「罪の文化」であるとした。絶対神を意識する西欧キリスト教文明圏の罪の文化に対して、日本人は傍目を気にする恥の文化だと日本の文化を特徴づけた。日本の恥の文化は、他人の批評を気にして、他人の判断で自分の方針を決めるとする。そしてここでも日本人は二重性格であるという。『菊と刀』というタイトルの、むろん「菊」は天皇制、「刀」は武士道の象徴。さらに「菊」は美のシンボルで、「刀」は攻撃のシンボル。美的であるが攻撃的でもある日本人という規定を象徴している。このルース・ベネディクトの『菊と刀』は、今なお読み継がれている。

罪の文化というのは懺悔と贖罪と赦しの文化。興味深いのは、日本のサスペンスドラマはたいていが復讐劇である。ほとんど過去の事件への復讐が、主たるテーマになっている。ここには赦しがない。この点からも日本が、罪を犯した相手を赦すという文化をもたないことがよくわかる。そういう面では当たっているが、それがどこから来るかという根拠はキリスト教的絶対神が不在であるという以外にははっきり書かれてはいない。

『日本の思想』と『タテ社会の人間関係』、そして『日本／権力構造の謎』

日本文化論で、次に触れないわけにはいかないのが、最後の政治学者丸山真男が著した『日本の思想』（一九六一年）。この本の中で、丸山は社会と文化を「ささら型」と「たこつぼ型」に分け、西洋の文化は「ささら型」、日本文化はたこつぼ型で穴の中に入り込んでしまっていると分析した。

中根千枝の『タテ社会の人間関係』（一九六七年）は、日本人の国民性を上下の対人関係にあると特徴づける。個人の資質よりも集団の場が重視される、ともいう。たしかに、今を生き

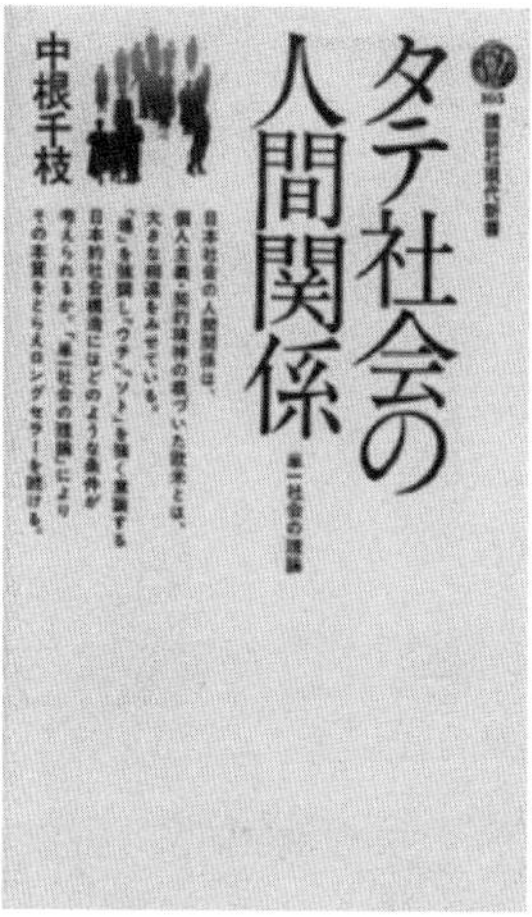

『タテ社会の人間関係』

『日本の思想』

るわれわれにも通じる部分はある。集団の場を重視する。昨今取り上げられる「いじめ」も集団への帰属のために一人を集団から疎外し犠牲にするという意味で非常に日本的なものである。一つの場が大事で、その場の中で自分の居場所を確保しよう、あるいは、偉くなろう——などの意識が芽生える。これらを「個人の集団帰属が単一的で、その集団の中では上下の序列が厳しく形成される」とする。親分ができて、子分ができる。子分になったら、「お前、万引きしてこい」と言われたらその仲間でありつづけるために万引きを平気でやってしまう。これなどはまさに、この『タテ社会の人間関係』そのものと言えよう。

また、「日本人は論理よりも感情を楽しむ」

とも言う。日本人は、論理や理論よりも感情をことのほか愛する。論理ではなく、万事感情で動いてしまう。テレビのニュース報道を見ても感情を煽っているだけで、少しも事実解明的でも、論理的でもない。さらに、「日本人、日本の社会、日本の文化というものが、外国人に理解できにくい性質をもち、国際性がないのは、実は、こうしたところ——論理より感情が優先し、それが重要な社会的機能をもっているという。そこに原因がある」とも書いている。この論も、その起源がどこから来て何に支えられているかについてはうまく解けてはいない。

最後に、もう三十年近く前の刊行になるが、オランダ人新聞記者、カレル・ヴァン・ウォルフレン（Karel van Wolferen）の『日本／権力構造の謎』（一九八九年）に触れておく。ウォルフレンには、『人間を幸福にしない日本というシステム』という本もある。『日本／権力構造の謎』の中で、「日本人自身の内部からは日本の問題性は解決されない」と書いている。日本人は自分のところで起きている問題を解決する能力はないというのだ。集団的自衛権の問題でも、アメリカから言われて動いているのであり、日本人の考えでやり始めているわけではない。具体的にいうと「狭い住宅、低い下水道普及率、道路・交通の混雑、高い物価、高い公共料金——国民各個人の生活、快適さを犠牲にして世界市場征服に邁進する」としている。

これなどはまさに現在の政治、外交、経済政策すべて失敗した安倍内閣の政治そのものである。放漫財政を築いた果てに消費税を上げる。そして法人税を下げ、労働上の規制を壊し、残業代までゼロにする。日本人がそういうスタイルを求め、決めたのではなく、世界の企業が一番活動しやすい国にしようとしているのだ。そうすることで日本の国民生活や文化はどうなるのかということをまるで考えていない。まさしくこれは『日本／権力構造の謎』に書いてある通りである。

『日本／権力構造の謎』

アニメをはじめとするクール・ジャパンで日本が評価されているとか、ジャパネスクだなどといって自己陶酔しているのではなく、こういう冷静に分析した日本論をもう一度読み直すべきではないだろうか。いまや国民各個人が自分たちの生活や未来を犠牲にさせられていながらほとんど行動できないでいる。せいぜい、ブラック企業などという言葉を使い、ケータイを使ってツイッターで文句を言う程度のことしかできないのである。

三種類の文字と日本人

社会の中の企業は、何のためにあるかを考えてみるといい。企業は、生きて生活するわれわれに必要なものを生産し、提供するからこそ存在できる生産組織である。ほんとうに必要な企業や組織はなくなることはない。別に会社などなくても、われわれが幸せに生きていけるだけの生産があればそれでよい。だが、今は、人々の生活のために必要なものを生産、提供するのではなく、企業自体が収益を上げるために存在しているのだから、はなはだしい本末転倒である。ウォルフレンは、それを不思議に思う。狭い住宅で、低い下水道普及率で、道路・交通は混雑して、物価が高い。ガソリンも世界的に見ても相当高い、そして公共料金の圧倒的な高さにも不満を言わない、それが日本の文化なのである。

一口に「日本人」とくくることは避けるべきだろうが、日本語を使って思考し、生活している日本語人に共通類似したスタイルが存在することもまた事実である。日本文化といわれるスタイルはどこからくるのか。それをこれから「〈花〉の構造」で解いていきたい。日本語というのは「漢字」と「ひらがな」そして「カタカナ」という三つの文字と三つの文体から成る言葉である。これは世界大で考えると、非常に奇妙な言語である。言葉は通常、一つの文体、一つの文字で成りたっているものだ。しかし日本語は三つの文字と三つの文体を持つ。

三つの文体を持つということは、ばらばらの三つの文体の複合を日本語と呼んでいるだけだとも言える。和辻やベネディクトの解く日本人の二重性、三重性はここに生じている。

漢字語は、儒教、仏教、道教、それらの思想を根底にもった東アジアに共通の言語である。東アジア的な皇帝と臣民制の延長線上の、明治憲法的な天皇と臣民の関係からなる政治意識を根拠にもつ。むろんこれには良い面も悪い面もあるが、そういう思想が眠った文字である。また、ひらがな語は〈はな〉に象徴されるように、季節を歌いあげ、性愛を物語る表現を豊かにつくり上げてきた。そしてカタカナ語は翻訳するための文字。外国語を、やすやすと寛容に受け入れることができる文字である。そういう三つの文字と文体をもった日本語とともに、否、その日本語によってつくり上げられている枠組とともにわれわれは生活している。日本人が、二重性格であるその原因は、日本人がフランス語、ドイツ語、英語のような単一の言語ではなく、三種類の言語、三種類の文字と文体で生活しているということに依拠しているのである。

第二章　漢字語の〈花〉とひらがな語の〈はな〉

漢字には声がない

日本語とはどんな言語だろうか。いささか奇異に聞こえるかもしれないが、日本語というものはない。ところが一般には、英語、フランス、ドイツ、スペイン語があるように中国語があり、あるいは越南語《ベトナム》があるように日本語があると考える。だが、この考えは正確には日本語にはあてはまらない。そして、中国の場合も全くあてはまらない。なぜなら中国語という単一の言語はない。北京語を中心とする漢字によって組み替えられた言語を標準語とし、中国語ということにしているにすぎない。実際には中国には各地方にたくさんの言語がある。それは、フランス語、ドイツ語、英語、イタリア語、スペイン語……などたくさんの言語のあるヨーロッパの諸語と同じように分布している。日本と同じように中国という国があると考えるのでは中国を理解することはできない。中国と言われている実体は多数の民族、多数の国からなるヨーロッパのような一大多数国地帯なのだ。だがヨーロッパは表意文字漢字がなく、音写文字アルファベットであるために、発音によってばらばらに分かれている。これに対して、中国では、ばらばらの諸語を漢字が統一してひとつのまとまりをつくっている。漢字には日本で読む読み方、韓国、ベトナムで読む読み方、中国でも単一ではなく、地方によって読み方はいろいろある。このように漢字には一定の声がない。声がなく、意味で成りたつ漢字を中心にして、大陸の様々な言語が統一されている。それを中国語と呼んでいるだけなのだ。たとえば広東語と北京語は発音上はもう全く異質な言語である。

日本語は単一の言語ではない

同様に、日本語とよばれているものも単一の言語ではない。小学校のときに何の授業があっただろうか。日本語に関連する授業は国語。国語も、国文法も学んだ。だが、少し疑問に思った方がよい。学んだのは、日本語ではなく国語であり、また日本語文法ではなく国文法であったことを。ここでの「国」とは、「お国はどちら?」と訊ねるときのあの「国」。「若狭です」あるいは「伊予です」「信州です」の「国」と同じで、地方という意味である。地方があれば当然中心には中央がある。東アジアではこの中央を「中華」といい、地方を「国」という。

国語というのは地方の言葉という意味。この「国」は和歌、和語、和算、和食などの「和」と同じ意味。そしてこの「和」とはひらがなのことである。こう理解すると、日本がよく見えてくる。弧なりの列島の地方言語＝国語の基本的な部分はひらがなだからひらがな語を学ぶ。国文法とはひらがな語の文法である。したがって、「国文」ひらがな文に対して漢字の文

「漢文」もある。漢文法があり、漢語がある。この国文と漢文の両者、その全体が日本語である。漢字、漢語、漢詩、漢文などの漢字語を含めて日本語は成っており、ひらがな語は日本語の一部、国語にとどまる。

日本語の中に、和語と漢語があることはよく知られている。この和語はもともと日本にあった言葉と考えがちだが、実際には、そう単純なものではない。漢詩、漢文との衝突によって、漢語の翻訳語（訓読語）に上昇・固定した地方語、文語として登録された語を指す。したがって古来からの倭語もあれば、新たに作られた和語もある。漢語は、中国から来た漢字とともにある言葉。この両者から日本語ができている。例えば「本」という漢字があれば、これを「ほん」と発音するのが漢語読み、いわゆる音読みである。これを「もと」と読むとこれは和語読み、訓読み、日本で誕生した読み方である。この音と訓、漢語と和語の混合体が日本語である。

一般に漢語、和語と区分され、使われている用語を、以下、耳なれないだろうが、漢字語、ひらがな語とよぶことにする。漢語は中国由来の語、和語は弧島由来の語と定義づけられているが、日本語について考えるときには、言語の由来以上に、漢字によって再生産されている言葉であるか、ひらがなに支えられている言葉であるかの区別の方が本質的であるからで

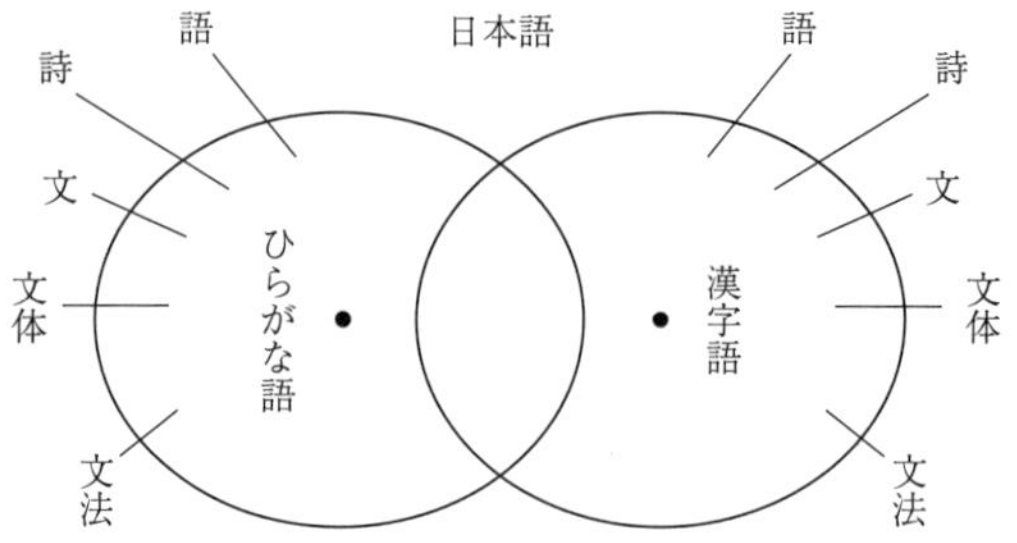

日本語の基本構造

ある。それはまた漢字になっているから漢字語、ひらがなで書かれているからひらがな語と区別されるものではない。たとえば雪月花は漢字で書かれ、「セツゲツカ」と音よみされようとも、その実はひらがなによって育てあげられた「ゆきつきはな」のひらがな語である。日本文学の世界で、すでに「ひらがな文」なる用語は成立している。それにとどまらずに「和歌」は「ひらがな歌」さらにそれを拡張して、いわゆる「和語」を「ひらがな語」と名づけることによって、漢字語とひらがな語からなる日本語の構造はすっきりと明解になるのである。

日本語は楕円体である

日本語のまずひとつは、漢字を中心としたところに集まっている言葉、文章、漢語の集合体である。漢文体、漢詩、漢文のスタイル、それから漢文法、これが日本語の一翼を担う。この漢語との衝突によって目ざめ、そしてつくられた文字、ひらがながあり、ひらがな語、ひらがな文、ひらがな文体、ひらがな文法がある。日本語はこのふたつの中心をもつ楕円体宇宙としてできあがっている。日本語をひとつのものだと思わずに、ふたつの違う中心からできているとみると、日本語にまつわるいろいろな出来事がはっきりと見えてくる。ぼんやりとしか見えていなかった日本語の周りの霧はきれいに霽《は》れるのである。

漢字語とひらがな語

「春夏秋冬」という漢字がある。それから「愛」という漢字もある。いずれもわれわれの生活に密接な関係をもつ漢字であり、言葉であるが、少しそのかもし出す世界が違う。これだけではっきりしないだろうから、ここに表をつくってみる。表の左右ともいずれも漢字で書かれている。だが左の漢字と、右の漢字、なにかちょっと印象が違う。

表の右は、「春《シュン》夏《カ》秋《シュウ》冬《トウ》」「雪《セツ》月《ゲツ》花《カ》」「花《カ》鳥《チョウ》風《フウ》月《ゲツ》」と読むが、もうひとつ「はるなつあきふゆ」「ゆきつきはな」「はなとりかぜつき」と読むこともできる。それに対して表の左は「アイ」「レイ」「テン」「シン」「セイ」「シ」と読む。これを「めでる」「いとおしむ」「あめ」「まこと」「いきる」「しぬる」と読めなくもないが、これは後から漢字にむりやりあてはめた読み方。つまり後者は根っからの漢字の言葉で、それが日本語の中にそっくりそのまま入り

日本語	
漢字語	ひらがな語
愛 礼 天 信 生 死	春夏秋冬 雪月花 花鳥風月

漢字語とひらがな語の例

込んでいる例である。

表の右は年がら年中、身近にあり、暮らしに密着している言葉。表の左の「愛」は、人間にとって最も大事で重大な価値を表わす言葉であるのに、実は音読み一辺倒。どうやら、この国（地方）には、もともとこのような観念や概念はなかったようだ。

また「信じる」の「信」も漢語性が強く、「シン」しかない。信《のぶ》子《こ》さんという人もいるが、「のぶ」には「信」という意味がない。「死」もまた、音読みしかない。「生《セイ》」の「生《い》きる」はあるが、「死」は「シ」以外の読みはないといってもいいほどだ。「愛」「死」にせよ、「お礼をする」の「礼」にせよ、こういう抽象的な表現は漢字語で表現するのが常である。このように、日本語は、漢字を必須とする。漢字に音よみと訓よみがあると考えているが、実は違う。正確には、漢字語とひらがな語があるということである。表の右側のことばでは、ひらがな語に漢字がくっついている。漢字のほうがひらがな語のほうに引きよせられたのだ。ところが表の左側の漢字語の「愛」「礼」「天」などは中国大陸から漢字語（世界観・観念）が入り込み、そののち、漢語に合わせて訓読み語をつくり、あてはめていった。愛・礼・死についてはついに訓読み語をつくれなかったといってもいいほどである。

儒教、仏教、道教

この表の右の和語性の強い単語は日常普段のわれわれの生活と共にある。表の左の単語は常時日常生活とともにあるわけではない。しかしいったんことが生じれば必ずこれらの問題に直面せざるを得ないという大事な言葉である。「信じるか否か」、あるいは「愛する」、あるいは「生きる」「死ぬ」「生死」「生死の問題」など。近年一部の若い人が興味を持っているといわれる哲学・思想、そして宗教、政治という抽象的な領域は漢語や漢語性の強い言葉が受け持っている。それではこの漢語性の強い世界、この漢字語の世界はどのような中味から成っているのか。直截にいえばその根本のところには儒教と仏教と道教語がある。

儒教は基本的に五常という「仁」「義」「礼」「智」「信」。為政者の政治哲学を中心に据えている。「仁」は人としてのあるべき道。「義」は正しさ。「礼」は人間社会で守るべきこと。「智」は知識。「信」は真実を語り、誠実であること。この政治哲学と観念が儒教の根本のと

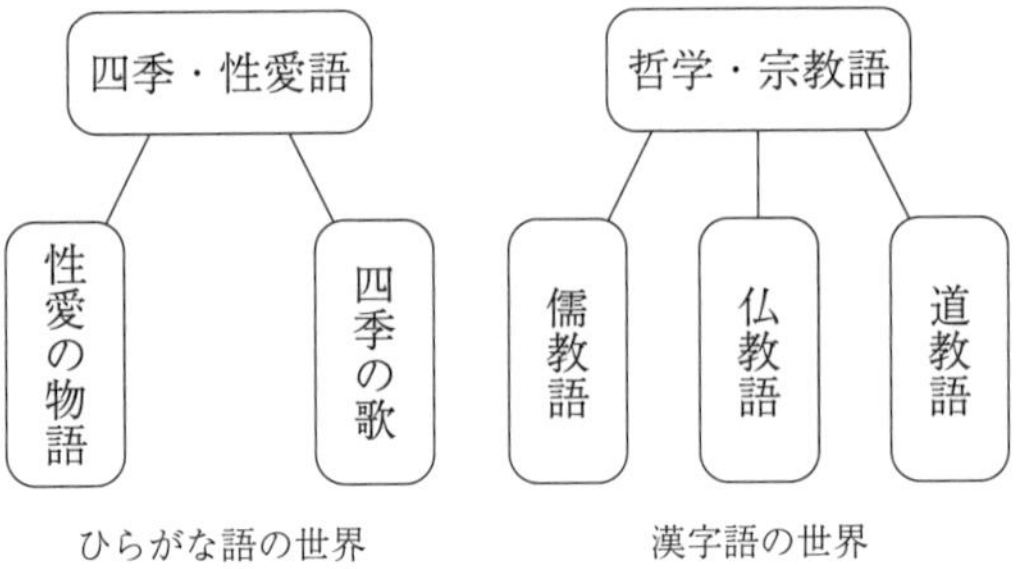

ころにある。

また仏教に関連する言葉としては、「四苦八苦」――生きること、老いること、病むこと、死ぬこと、これが仏教哲学の中心にある。いずれも苦しみがある。生きる苦しみ、老いる苦しみ、病む苦しみ、死ぬ苦しみ――四苦である。それをさらに細分化すると八苦がある。「生」と「死」――ふだんわれわれが何気なく使っているこの言葉も仏教的な漢語からきている。

そしてもうひとつは道教的な言葉。それは「道《みち》」。中国読みで「タオ」とよぶ「道」。そして無為、自然。もちろん仏教にも関係するが、「無」の観念の多くはここから来ている。無為、自然は道教に発する観念である。日本では、ひと言色紙に何か書くとなれば「無」と書く人が多い。このように発想するのは、漢字語の宇宙である。そしてこの道教語は、儒教語の裏側に貼りついた反・脱・超政治語でもある。

これらの漢字語の宇宙は、政治、宗教、哲学・思想分野の表現を担い、ひらがな語の宇宙とは違う起点をもっている。漢字語とひらがな語の二つを焦点とした楕円形言語宇宙、これが日本語と呼んでいる言語の実体である。間違ってはいけない。「日本語」というひとつの言語があって、それを漢字で書いたりひらがなで書いたりするのではない。漢字とともにある漢字語の宇宙とひらがなとともにあるひらがな語の宇宙の二つを包み込んでいる全体を「日本語」と呼んでいるのである。

西洋言語学の陥穽

近代になり、西洋の言語学が入ってくることによって、とても大きな誤解が生じた。それは言葉と文字の関係である。まず「話し言葉」と「書き言葉」の問題。この「話し言葉」と「書き言葉」両方を包み込んだものを東アジア漢字文明圏のわれわれは言葉と呼んでいる。もちろん文字のない世界そして時代というものがある。文字のない時代にももちろん言葉のようなものはあった。ただそれは、今われわれが考えるような話し言葉とは違う。われわれが考えるような話し言葉は、テープレコーダーで録って文字に起こせば、それで意味が通じる。しかしそれは無文字時代の言葉とはまったく異なっている。無文字時代の言葉は、身振りや動作にとどまらず、舞踊や音楽、そういうさまざまな表出が一緒になっていて、ひとつの表現が成りたっている。槍を持って「ホエ、ホエ」と踊っていれば、その表現の全体が、言葉であって、その中から聞こえる声をテープレコーダーで録って「ホエ、ホエ」と書き起こしたところでこれは表現の一側面ではあっても、何ものも意味していない。

その残滓は今も残っている。「雨だ!」と驚きとともに言えば「たいへんだ、急に雨が降ってきた、干したふとんを早くとり入れなければ」という意味で、「あ〜、雨だ」と嫌がる声で言えば、「ずっと降っている雨がいやだな。出かけるのが億劫になる」という意味合いを話している。「あー、雨だ」とはればれした表情でいえば、雨を待ち望んでいた農民が、胸をなでおろした意味を宿す。そういう声の高さや強さ、表情の中に、言葉の真の意味が籠もっている。女性が男性に言い寄られて「いや〜ん」と甘え声で言ったら「断わってはみるがほんとうのところはいいわよ」という意味で、「いや!」ときっぱり言ったら「本気で嫌だ」という意味になる。言葉はその中に必ずその反対の意味を含んでいる。「嫌い嫌いも好きのうち」と昔から言うが、好きと言ったときには、五〇%強好きだということであって、一〇〇%すべて好きであるということを意味しない。サラダオイル（油）と酢（水）からなるマヨネーズをつくるときの酢（水）の相から糊《ペースト》状のサラダオイル（油）の相つまりマヨネーズへの転相のようなものだ。言葉は声だけで成りたっているという西欧言語学の理解は、文字によって書き言葉が出来、それとの関連で、話し言葉が再構成された東アジアの言語事情がうまく理解出来ていない。

これはヨーロッパの言語がアルファベットという表音、音写文字で、出来ていることから生じた限界である。東アジア漢字文明圏の言語は、一字が一語である漢字とともにある。書き言葉（文）が話し言葉（言）にとってなくてはならないこと、つまり、言語は書き言葉（文）と話し言語（言）の両者からなる構造を知悉しているのである。

一字が一語の漢字

いったん文字が生れ書き言葉が出来ると、話し言葉は、無文字時代のそれとは異なり、書き言葉によって再編、再構成されたそれと化す。この段階になると、話し言葉を文字で書きとどめたものが文だと、倒錯した考えも生じてくる。これは日本語の文字もアルファベットと同様に考えてしまうところに生じた誤解である。アルファベットは一種の発音記号だが、東アジアの文字はそうではない。東アジアの文字の中央には一字が一語の漢字がある。この文明圏では文字はそれ自体が言葉であり、文であるという構造をもつ。無文字社会には多様な表現が合流した声の表現はもちろんあった。しかし、それはさまざまの身体表現と一体化した茫漠たるものであった。無文字時代に確たる話し言葉があったのではなく、文字が生まれ、書き言葉、文が出来たときにカウンター言語としてそれは独立したものである。しかも、西欧アルファベット文明圏の人々は話し言葉を書き付けたものが文、書き言葉だと考えるが、東アジア漢字文明圏ではそうではなくて、文字が言、話し言葉を支えるという構造が出来あがっている。

それゆえ東アジアでは識字教育をうるさく言う。漢字を知らないと、言葉、語彙が乏しくなるからである。前に述べたように「信」という文字があれば、「信仰」であったり「信念」「信心」「信頼」「信用」など、「信」にまつわる言葉が、「信」の文字を中心にできてくる。「念」という言葉（文字）があれば、それを中心として、「念願」「念力」「念佛」「記念」「思念」などの言葉ができてくる。この構造によって、漢字語に言、話し言葉が支えられる。この造語力に富んだ漢字語を強め、それをきちんと使えるようにしないと、ひらがな語だけでは十全に生きていくのは苦しい。弧島語に根拠をもつひらがな語は四季と恋愛、これを語る言葉をたくさん持っている。しかし、人間が生きていくうえで必要なもうひとつの宗教的、政治的、哲学的、あるいは思想的な言葉は日本語においては、もっぱら漢字語に依存しているのである。

この事実は忘れないほうがいい。

ひらがな語は漢字語を批難する

このようにいちがいに日本語といっても、ひらがな語と漢字語は表現領域、表現特性を異にしている。このため、時々お互いを誹謗することがある。例えば「四角四面」。「四角四面」というのは漢字語の構造であり、ひらがな語からすれば「角が立つ」のである。とくに漢字の楷書体では角が立つ。そこで、「そんな堅いこと言わないで」などとしばしば口にすることにもなる。それはさらに日本のタテマエという認識に通じてくる。漢字語はタテマエで、ひらがな語がホンネ。和辻哲郎『風土』、ルース・ベネディクト『菊と刀』などの日本文化論に、日本人は二重人格であるという指摘があるが、これは日本語の構造に由来する。漢字を媒介にして日本語は漢字語とひらがな語が表裏背中合わせに貼りついている。漢語的な世界で考え、話していたものが突然掌を返して、ひらがな語的な世界に入りこんで話しはじめると、相手はその著しい変化に理解に苦しむことになる。

日本語というひとつの体系的な言語はない。それがあると錯覚しているから「〈言葉〉と〈言語〉はちがう」などと区別する学者がいる。だが、ことはそれほど簡単に定義づけられるものではない。「言葉」はほんとうはひらがな語の「ことば」。『古今和歌集』の仮名序でいうところの、「ひとのこころ」から生れた「ことのは」である。「言葉」はここに錘鉛をおろして成立している。他方漢字語の「言語」は、それを違えたら処罰される天との約束である「言」と、攻撃的な言語「言」と防御的な言語「吾」からなる「語」とが連合してできた語である。「ことば」と「言語」が、その後の日本語の歴史の中で、棲み分けていったとしても、言語学者が、定義づけ、厳密に区別できるようなものではない。「言語」は漢字に規定された求心力をもつゆえに、学術語として論理的にとり扱いやすいのに対して、「ことば」は、情緒的だが、そのよって来たるところへの動態的意味を重ねている。辞書『広辞苑』は、言語を「音声または文字を手段として、人の思想・感情・意志を表現・伝達し、また理解する行為。またその記号体系。ことば」とし、「ことば」を「意味を表すために、口で言ったり字で書いたりするもの。言語」とする。「言語」については、学術的な言いまわしになるのに対して、「ことば」のほうは、漠とした簡単な説明で終っているのもまた、漢字語とひらがな語の違いから来る。中国人は中国語、漢語を生きている。漢語で「四角四面」の話をしているときに、「まぁ、まぁ、まぁ、まぁそんな堅いことは言わないで」とくなくな、くるくる、つぎつぎとつながるひらがな語のスタイルで口を挟まれたらきっと驚くことだろう。

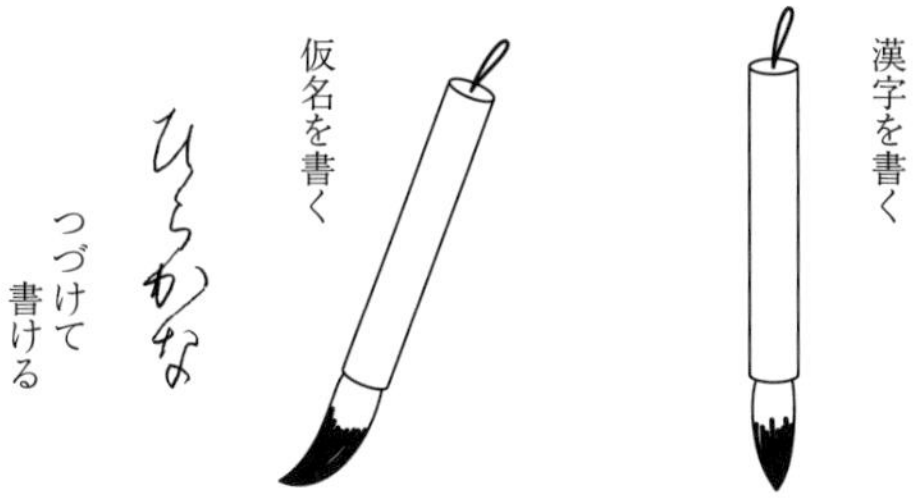

漢字と仮名を書く場合の筆づかいの違い

漢字語もひらがな語を批難する

他方、漢字語からひらがな語は、「ぬるい」とか「なよなよしている」とか、「めめしい」あるいは「柔《やわ》」「軟弱」などという印象になる。

「は（葉）」や「な（名）」という例がないわけではないが、ひらがなは「はな」「くき」など二字以上の文字がつながって語をなす文字である。そのため、ひらがなは続けて書かれることが宿命である。糸を紡ぐように筆画を連ね、文字をつなぐ書き方で出来ている言葉であるから、ひらがな語は四角四面の漢字語の側からは「輪郭が不明瞭ですこし気味悪い」「手応えのない」ことになる。

それのひとつの表れが、中国人が筆を持つときに垂直に立てて持つこと。漢字を書くときには、基本的には垂直に立てて書く。ところが仮名を書く場合は筆を寝かせて、さらさらと走らせる。さらさら、すらすらというのは、ひらがな語ではいいけれども、漢字語ではその軽さが「信じられない」となる。このような軽浮な筆

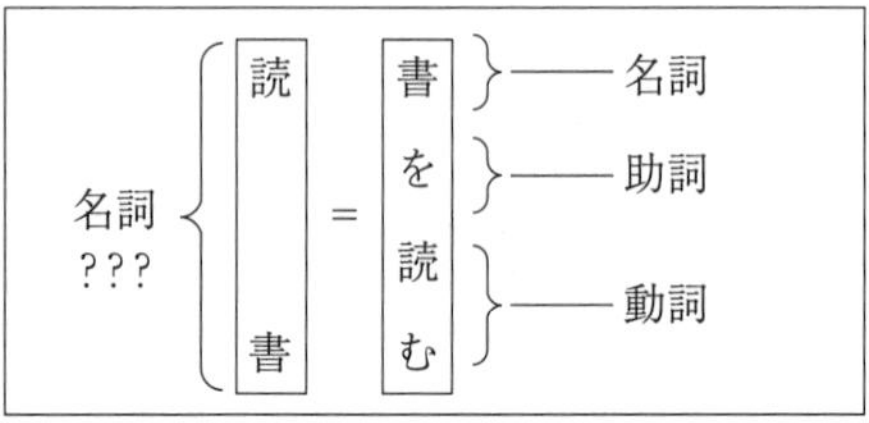

「読書」の構造

運びは、指端《したん》の芸として軽蔑される。指先をほんのわずかちょこちょこ動かすだけの書き方は重量級の漢字語の書き方から言えば、信じがたいということになる。

「書を読む」と「読書」

すでに国文法というのは国語（ひらがな）の文法であって日本語の文法ではないと述べた。「書を読む」という言葉は、「書」は名詞で、「を」が助詞、「読む」が動詞の終止形である。そのように国文法で教わった。では同様の意味を指す「読書」はどうだろうか。日本語では、「書を読む」と「読書」が同じ意味の場合も、すこし違う場合もある。「読書」は本を読む意味で、書の作品を鑑賞することを「書を読む」とも言う。「書を読む」の各品詞は国文法では先のように解く。では「読書」の品詞は国文法ではなんと解くか。「読書」は、「書」が下に付いている。そこで名詞と言いたくもなる。しかし、名詞と割り切るわけにはいかない。実のところこれは品詞分類にはなじまない。漢語だから漢文法で理解するほかない。あえていえば「本を読む」という意味の文、句なのである。このように日本語の中では国語・国文と漢字・漢文という異質な二つの言語が一緒に混じり合っているのである。

日本語文法は、国文法だけでは不十分で、漢文法との混合体として存在しているのである。

はじまっている日本語の劣化

漢語「温故知新」の場合ではどうだろうか。「故」は「古」に同じ。古いことを温めて新しいことを知る。古い歴史をよく知ることによって、新しいことがよくわかる、あるいは新しい事象をつけ加えていくという意味。この四字熟語は短くとも「故きを温め新しきを知る」という独立したひとつの文章、漢文である。この漢語・漢文が日本語の中の漢字語となった。少なくなったとはいえ、テレビドラマで壁に「温故知新」や、「無為自然」「和敬清寂」などと書かれた扁額がかけられている部屋を見かけることがある。これを中国語だとして分析を排除する手もあろうが、それでは、日本語をちっぽけでずいぶん見すぼらしいものとしてしまう。これらもまた、日本語の中の漢字語であって、もはや中国語そのものとは言い難い。

繰り返すが日本語というのは単一の言語ではない。漢字語の、漢文、漢文体、漢文法と、ひらがな語のひらがな文、ひらがな文体、ひらがな文法、国文法このふたつが混合した宇宙が日本語である。小学校の一年生から「日本語」を教えることができずに「国語」にとどまる理由は、漢字語とひらがな語（国語）のうちの片方のひらがな語しかまだ十分に教えられないからである。不幸にも学校教育「国語」からはじき出された漢字語教育、たとえば、四字熟語や故事成句を覚える教育は民間（父、母、近隣、心ある教師、雑誌等）に委ねられているのである。

最近『日本劣化論』（笠井潔・白井聡、ちくま新書、二〇一四年）という本が出版されたが、日本は劣化した、世界的に劣ってきたという声も多い。書店の棚にはこの種の本がたくさん並んでいる。かつて私は、書籍出版業協会（書協）に招かれた講演会で、一九六〇年代の旅行ガイド本と現在のそれとを比較して、日本語の劣化について具体的に証明した。前者は歴史的地理的に案内であるのに対して、後者はB級の食べ物店や遊園施設案内と軽便化しているのだ。なぜ日本語が劣化しているか。それは日本語にとって欠くことのできない本格的な国文と漢文教育がなくなったからである。

日本語は国文と漢文（ひらがな語と漢字語）を合わせて成りたっているにもかかわらず、明治期からそれを忘れ、漢字語を虐げてきた。なぜ「日本語」と呼ばないか。なぜ「国語」という名称を捨てられないか、その真の原因を追求することも忘れて、「国語」を近代「国家語」と誤解したり、漢文は古いから、あるいは難しいからやめる、縦書きはやめて横書きにする。さらに近年では、国文さえも、学生が集まらないからやめる、という幼稚な教育政策が進行してきている。かつては国文学は大学での非常に重要な学科だったが、今では漢文のみならず国文さえも疎かにされている。この事実が日本語と日本の劣化、空洞化を生んでいる。漢字語とひらがな語から成る日本語が、漢字語を虐待、無視し、またひらがな語の拠って立つ古典教育を軽視すれば、その劣化は当然の成行である。

精神のための食べもの

そう言い切るのは、人間は言葉で立ち、言葉で組織されているからだ。言葉で組織しなければ人間は立っていけない。今の社会が非常に異常な社会になっている原因のひとつには関心がフィジカル（肉体）にばかり向いている点がある。日々肉体の再生のためには食べなければいけない。むろん肉体は育てなければならない。けれども、人間は肉体だけでできているわけではない。精神もまた育てなくてはならない。日々精神を再生するための食料は何か、何を食べて生きているか。精神の栄養は言葉。精神は言葉からなり、言葉を食べて生きている。おいしくて、美しくて、良い言葉を少量よく噛んで精神の滋養をしっかり摂れば、精神的に病むことはない。精神を成り立たせるための言葉をどのように養っていくか、どういうふうに育てていくかの視点が、現在の文部科学省の役人の頭からは抜け落ちている。グローバル社会に対応するために英語をやらなければならない——という。それはわかるが、英語をやる前に日本語を知らなければ英語はできやしない。

英語も教えればいいし、英語だけでなくもっと切実に必要な中国語も韓国語もやればいい。しかしそれには、その土台たる日本語をしっかり養い育てていかなければ、日本語はますます劣化する。日本の劣化は日本語の劣化から来ている。日本語の劣化をどうくいとめるか。それは簡単で、まずは国文と漢文をしっかり教育し、学習することが必要。えりすぐりの語彙を知り、ふやし、使うことによって表現力を高めることなしに世界に立ち向かって生きていくことはできないのである。

日本語には三つの辞典が必要

日本の教育を国文と漢文から作り直したほうがいいということの大前提として日本語は単一の言語ではないことがある。漢語と国語の二つの言語を組み合わせ、うまく使いこんできた言語——そこに日本語、日本人の特色があるということを深く嚙みしめるべきである。たとえば、英語を学ぶためには、英語辞典が一冊あればいい。同様に、日本語を勉強するためには、日本語辞典がひとつあれば済むはずだがそうではなく、国語辞典と漢和辞典の二つが必要である。国語辞典というのはひらがな語辞典、漢和辞典というのは実は漢字語辞典である。新潮社という出版社が従来の漢和辞典とは異なり、日本独特の漢語も拾った漢字語辞典を出版したが、それも日本語が漢字語とひらがな語からなるところから来る。

さらに言えば、日本語には三つ目の言語カタカナ語がある。新しいカタカナ語を収めた辞書である現代用語辞典が必要である。日本語を生きる日本人にはこの三つの辞書が必要である。漢字とひらがなとカタカナの言語——で成りたっているのが日本語。漢字語といっても漢字で書かれているから漢字語ではない。「春夏秋冬」は漢字ではあるがどちらかと言えば、「はるなつあきふゆ」ひらがな語の色彩が強い。漢字とひらがな、どちらの文字を使っているかではなくて、使われ方による。このように、三言語の複合体として日本語は成りたっているということを理解すれば、日本語を直につかむことが可能になる。

「花」「はな」「ハナ」

ここで本題の〈花〉に話題を戻そう。日本には大きく分けて三系統の〈花〉がある。漢字語の「花」とひらがな語の「はな」とカタカナ語の「ハナ」である。

どこまでが中国から来ている漢字語かということはしっかり押さえたほうがよい。なぜなら漢字語は中国由来の言語の象徴。中国語は日本語の中に内在化しているからである。われわれの内には中国が内在している。中国というのはよそにある国ではなくて、われわれの内にある国である。日本にそれだけの影響を与えるほど中国語、そして漢語、漢文、漢詩の力は大きい。中国はヨーロッパのようなスケールの地方。日本人は近年、再び中国を軽く見たい思いが強くなってきているようだが、そうはいかない。ヨーロッパと同じくらいの巨大なスケールを持った国であり、それは日本語に内在化しているのである。

ヨーロッパと肩を並べる中国というスケール

東洋史の権威であった京都大学の宮崎市定は、豊臣秀吉に関して興味深いことを述べている。豊臣秀吉は、(もちろん周りにいた中国からの亡命僧たちの末裔がいろいろと知恵を付けたと思うが)天皇を北京に置いて、自分は寧波《ニンポー》にまで行き、全軍を指揮してインドまで侵攻することを考えた。朝鮮を攻めた文禄、慶長の戦争は実は中国、インドまで行くスケールの計画であった。宮崎は、その豊臣秀吉を評して、大陸にはその程度の武将はごまんといる、という趣旨のことを述べている。漢の高祖と比較して「生れたときには、高祖も秀吉も似たような赤ん坊だった。それから後の多様な経験が人間に磨きをかけて、多様な人物に造り上げていくのである。ところが土地が狭く、人口が少ないと、早くに決勝点に到着してしまう。英雄とか豪傑とかいうものは、勝ったり負けたりするたびにスケールが大きくなって行くものだが、あんまり早く勝負がついてしまっては、大きくなりきらずに成長がとまってしまうのだ」(「漢の高祖と秀吉」)。それくらいのスケールが中国にはあると考えたほうがよい。その広さ、長い政治の歴史、それから宗教的、哲学的、思想的、歴史的な蓄積、それら漢字語の蓄積は厖大で、小さな日本のひらがな語の世界のそれとは比較にならない。日本の文明文化の基盤は、中国語、漢語の上にある。

例えば日本で〈花〉の代表といえば「松竹梅」ということになるだろうが、これらは純粋に漢字語の〈花〉と言ってよい。

「松《しょう》」の字には「まつ」という読みが後からつけられている。日本に松がなかったとは言わないが『魏志倭人伝』の植物に松が出てこないことや、松の木の話が一切ないことから中国

雪舟『天橋立図』（京都国立博物館蔵）

『明恵上人樹上坐像図』（高山寺蔵）

からの影響が強い植物と考えられている。「松」は本格的には中世の禅院とともに「聴松《ちょうしょう》」や「松風《まつかぜ》」の観念とともに入ってきたようだ。「聴松」「松風」の名は書斎、茶席や旅館、和菓子の名前にもあり、水墨画の題名にも出てくる。明恵上人が松の木の上で座禅をしている姿の絵もある。「白砂青松」——白い砂に青い松、これは図柄として好まれ、三保の松原や天橋立など、みな松が生えている。これは中世以降、禅との兼ね合いで松が植えられたからのようだ。

「竹《たけ》」は日本にもともとなかったわけではなかった。ただ孟宗竹のような大きな竹は日本にはなく、後に九州を始まりとして植えられたものであるといわれている。

そして「梅《うめ》」。「梅」の字は、音読みで「バイ」、訓読みで「うめ」とあてられているが、「うめ」は漢語の「メイ」。メイからできたンメ、うめ。「馬」——バ、マがなまってできたウマと同様に漢語そのものである。

木簡と紙

少し興味深い、紙の話をしよう。「紙」の字の「かみ」は訓で、音は「シ」。「かみ」は古来からの弧島倭語と思われやすい。だが、紙の語源は、木簡、竹簡の簡《かん》から来たというのが定

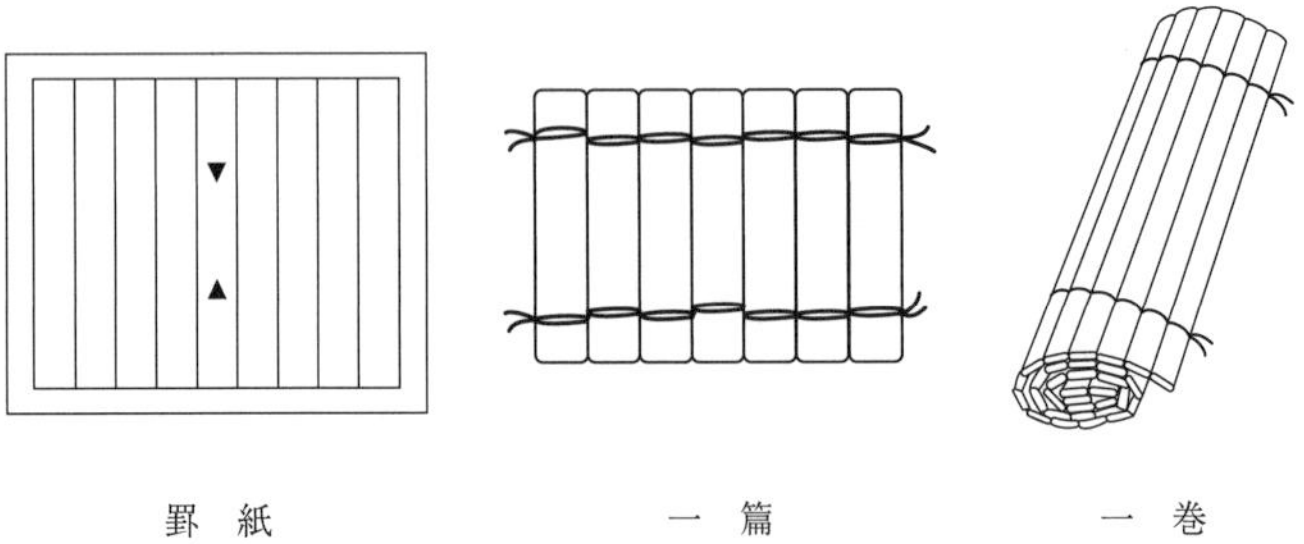

木簡と罫紙の関係

説である。カン（kan）がなまってかみ（kami）になった。便箋には縦に罫が引いてある。この罫は字を書きやすくするために引いてあるのではない。縦に線が引いてあるだけでなく、一行分が縦長の長方形の姿をしている。これは木簡の形状のなごりである。木簡はおおよそ幅一センチ弱で縦の長さは三十センチくらい。竹や木を削ってつくる。それを糸でつづり、つなぎあわせたものが簡であり、それに文字を記したものが文書だった。これを原形として今の便箋には罫が引かれている。おおよそ一九七〇年代くらいには消えてしまったが、それまでの履歴書は、罫紙に書かなければならなかった。

紙はもともと何かを包むものではなかった。文字を書くものが紙であって、その紙がやがて包装などにも使われるようになった。逆ではない。その証拠に、欧米から来る手紙には、罫が引いてある手紙がなく、みんな白い紙に書いてある。私は中学時代にアメリカ人と文通をしていたが、彼等はなぜ白い紙に、しかもボールペン（われわれは当時ボールペンというのは粗悪なもので万年筆のほうが手紙を書く筆記具として適切なものだと思っていた）で手紙を書くのか不思議に思っていた。このように、身辺の紙の類をよくよく見回してみると、紙《かみ》の語源が簡《かん》にあることがなるほどとうなずける。ちなみに一つづりの冊が一冊、ひと編みが一編。本の一巻は、この木簡を一巻きしたもの。手紙を書簡とよぶのもむろんここから来ている。

「梅」はアジア共通の〈花〉

東アジアで共通のもっとも代表的な〈花〉は「梅」である。「梅」の「うめ」は中国の音「メイ」をそのまま日本語に移したものである。このように、「梅」は中国、朝鮮半島、日本の東アジア漢字文明圏の全域で共通し愛されつづけている。これに加えて中国で特に愛される〈花〉は「牡丹《ぼたん》」である。朝鮮半島では「木槿《むくげ》」。「木槿」のあの花はチマチョゴリの色や質感ととてもよく似ている。「木槿」というのは日本語で「むくげ」。韓国では「ムンファ」。同じ文字を違う読み方をしているだけである。そして、日本を代表する〈花〉はかの「桜」。「梅」の花は東アジア全体をつないでいて、中国は「牡丹」、朝鮮半島は「木槿」、日本は「桜」をそれぞれたいせつな〈花〉とする。「牡丹」は豪華な〈花〉の王。「木槿」は花が落ちてもまた〈花〉が次から次へと咲きつづける。「桜」はパッと咲いてパッと散る。このため日本では戦前から、「見事散りましょ国のため」と若者が戦死する姿とリンクさせてきた。桜の花になぞらえてたくさんの人が死んだのであった。

このように「梅」は東アジアでは共通の象徴的な〈花〉。〈花〉が美しいといったところで、そこに咲いている〈花〉がそのまま自動的に美しいということではない。温故知新ではないが、歴史的に積み重なった考え方や行動やいろんな営み、つまり文化の蓄積によってその〈花〉が美しいか美しくないかを決めているのである。

中国には四君子とよばれる選ばれた〈花〉がある。それは「蘭」「竹」「梅」「菊」の四つ。君子というように、優れた、高潔な〈花〉である。東アジアには西洋のような民主主義の思想はない。元来、皇帝の国である。気高くあって、民を潤す、民の幸せを願ってひたすらそれを実現する君主の国である。そういう君主の姿にたとえた四君子という〈花〉の一が「蘭」。これは中国からの渡来の〈花〉で、「蘭」については日本発の読み名、訓読みはない。

これに加えて「竹」「梅」、それからもうひとつ「菊」。「菊」(kiku)というのも実は漢語音。弧島倭の地方で付けた名前ではない。漢字かひらがなで書くことが多いため、あたかも「きく」というと訓読みのように思うが、実は「きく」というのは音読み。中国の漢字の読み方そのものの「キク」である。これは中国から来た〈花〉で、日本では秋に咲く。関西では大阪の枚方の菊人形が有名だが、日常的には、菊は仏壇に供える仏花のニュアンスが強い。仏教は中国から伝わって来て、中国の漢語的なカテゴリーの〈花〉だからである。

さらに中国では欠くことのできない〈花〉に「柳《やなぎ》」「楊柳《ようりゅう》」がある。「やなぎ」もまたもともとあった倭語ではない。漢語の「ヤン」と和語の「き」を合わせた柳の木（「ヤンのき」）がなまってできたと考えられている。

「柳緑花紅《りゅうりょくかこう》」という美しい句もある。京都の鴨川辺りで春先に、梅や桃や桜の花咲く頃にしだれ柳から黄緑色の芽がいっせいに吹き出してくる。それが「柳緑花紅」。花が咲き乱れてくると柳も非常に美しい。それは、春を招く景色であり、植物であり、〈花〉である。やなぎは「柳」と「楊」を使い分けることがある。

九楊の由来

私の号の「九楊《きゅうよう》」の「よう」は「楊」。これはネコヤナギやポプラの類。枝が上を向くヤナギを指す。「柳」は枝が下を向くしだれ柳。楊柳は中国の代表的な植物だが、水辺にはこの植物が欠かせない。これは中国大陸でも朝鮮半島でも日本でも同じで、その「水辺に柳」の景観は中国から来たものである。私の号は、「九楊」だが、古い作庭の本に興味深い記述があることを若い造園家が教えてくれた。風水的には、家の東側に川があることがよいとされるようだ。その証拠に京都も東側に川があるように町を設計し、鴨川をつくった。東側に川がない場合はどうするか。京都のように人工的につくる場合もあるが、それができないときには、九本のヤナギを植える。そうするとそこに川がある見立てになる、という記述を見つけたが、「九楊」というのはここからきているのではないかと尋ねられたのだ。それほど柳は愛されている。中国で愛された柳が日本にも移ってきたのである。

天皇家の紋章

もうひとつ〈花〉で忘れてはならないのは、天皇家の紋章の「菊」。菊を紋章とする天皇家は大陸もしくは半島から来た一族だと言いたいわけではない。天皇家が菊を紋章とし、皇室以外の使用を禁じたのは明治二年である。平安時代には「菊」が非常に愛されていた。ひらがなが出来た頃、白楽天《はくらくてん》（白居易）という中国の唐の詩人の詩が非常に読まれ愛された。その詩によく登場することもあって「菊」は非常に気高い〈花〉とされ、好まれた。鎌倉時代に後鳥羽上皇が好んで用いたことから天皇家と菊花紋の関係は生じたといわれている。懸崖の菊もあるが、大輪の花はまっすぐに伸びた茎の上に、気高く堂々と咲き誇っている。これもあって四君子の一、菊は日本の天皇家の紋章に使われている。

このように、日本を代表する植物や〈花〉と考えられているものの多くは、大陸に起源をもつ東アジア一帯に共通のものであることは記憶にとどめておきたい。

ひらがなの〈花〉

これまで大陸で育てられた漢字語の〈花〉について見てきたが、日本で育ったひらがなの〈花〉のもっとも代表的なものは「桜」である。なぜ「桜」はひらがなの〈花〉といえるのだろうか。

「桜」について『万葉集』では大半が漢字「桜」の一字を使って表記している。ところがこの「桜＝櫻（オウ）」の字は、漢字のふるさと中国では、日本の「桜」とは異なるようで、「梅」の種類、「梅桃《ゆすらうめ》」を指すという。これは、春に梅に似た白い〈花〉を咲かせ、紅色の実を結ぶ、桜とは違った植物のようだ。大陸では「桜」は「梅桃」であった。大陸に桜はなく倭に梅桃はなかったのだろうか。まったくではなくともいたるところにある〈花〉ではなかった。そこで梅桃に似た倭の花に「桜」の字を当てた。そこで「桜」の字を「さくら」と呼ぶようになった。しかも万葉集の中では「桜」の一字だけではなく、必ず「花」をつけて「桜花」と使っている。他には「佐宿木花」「佐久良波奈」「佐久良婆奈」「佐久良婆那」「作楽花」などの記述例もある。とはいえ、その過半が「桜花」と表記されている。

櫻花　時者雖不過　見人之　戀盛常　今之将落（1855）
（桜花時は過ぎねど見る人の恋の盛りと今し散るらむ）

烏梅能波奈　佐企弖知理奈波　佐久良婆那　都伎弖佐久倍久　奈利尓弖阿良受也（829）
（梅の花咲きて散りなば桜花継ぎて咲くべくなりにてあらずや）

ちなみに、目加田さくを『花萬葉』（海鳥社、一九九七年）の分類によれば、万葉集では、萩が一四〇首、梅が一一九首、橘七十四首、葦五十五首、桜四十三首、柳が三十五首、以下、藤二十七、石竹二十六、卯花の歌が二十四首収められているとする。

万葉仮名の〈花〉

次いで、「椿」は万葉仮名の〈花〉であるといっていいだろう。木偏に春、これは中国では

「香椿《チャンチン》」という落葉木、「椿」のことを指さない。漢語では椿は「山茶花」と表わす。春に花咲く木という意味で、「椿」という字が日本で作られた。大陸の「椿《チン》」は、いつも緑色の葉がついている常緑の広葉樹ではなく、落葉木。全く違うのである。
巨勢山乃　列〻椿　都良〻〻尓　見乍思奈　許湍乃春野乎（54）
（巨勢山のつらつら椿つらつらに見つつ思《しの》はな巨勢の春野を）
三諸者　人之守山　本邊者　馬酔木　花開　末邊方　椿花開　浦妙　山曽　泣兒守山（3222）
（三諸は人の守る山本辺は馬酔木花咲き末辺には椿花咲くうらぐはし山そ泣く児守る山）

日本には、春の木、椿に呼応する秋の草、「萩」がある。「艹」+「秋」つまり秋の草、これも日本で作った漢字である。中国の漢字に「萩」の字はない。『万葉集』の中では「萩」という字は使われておらず、「芽」あるいは「芽子」と書いて「はぎ」と読ませている。木偏に春の椿とくさかんむりに秋の「萩」とは万葉集の時代およびそれ以降に日本で作った漢字、国字である。

前述の『花萬葉』では、『万葉集』の中で最もよく出てくる〈花〉は「萩」。ついで「梅」、そして「橘」「葦」「桜」「柳」以下、「藤」「撫子」「卯の花」とする。ただし、万葉の歌に登場する植物は、花を美しく鑑賞するだけではなく、薬草（本草）あるいは食用としての植物という意味で出現していることも付け加えておく。

日来之　秋風寒　芽子之花　令散白露　置尓来下（2175）
（このころの秋風寒し萩の花散らす白露置きにけらしも）
秋風乃　須恵布伎奈婢久　波疑能花　登毛尓加射左受　安比加和可礼牟（4515）
（秋風のすゑ吹き靡く萩の花ともに挿頭《かさ》さずあひか別れむ）

万葉歌への登場数の多い、はぎが「波疑」の一例を除けばすべてが「芽子、芽」の字を用いている——つまりあてはめる的確な漢字がない——ことから、万葉歌の当時もっとも代表的な〈花〉は桜ではなく、あの小さな〈花〉を連ねた「萩」の花であったといっていいだろう。

カタカナの〈花〉

むろんもうひとつ、日本にはカタカナの〈花〉がある。一般には「洋花」といって仕分けしているが、「洋花」はカタカナ語の〈花〉のこと。代表は「バラ」「チューリップ」、そして「カーネーション」。これらはカタカナ語の〈花〉である。このように日本語は漢字語とひらがな語と、それからカタカナ語と、この三つの合流体であるという視点で見ていけば、〈花〉についても今までと違う形で見えてくる。

第三章　自然の〈花〉と文化の〈花〉

植物学上の〈花〉

〈花〉には自然の花と文化の花がある。純粋に自然の花というものは存在しない。というと誤解されそうだが、存在はしていても、人間がいなければ存在しないことになる。どこかの星にわれわれが知らない何かがあったとしても、それは名付けられることも認識されることもできず、われわれ人間にとっては存在しないも同様である。「自然の〈花〉」は、人間がいなくても咲き続ける。しかしながらそれは人間が手に入れることはもとよりあずかり知らない無縁のものであるという意味において、人間にとって「自然の〈花〉」といえども、「文化の〈花〉」以外ではあり得ない。〈花〉という切りとり方自体が人間の言葉がつくりあげた切り口にすぎず、別段、植物自体が〈花〉という一つの器官を備えているものではない。植物学上は、〈花〉という器官は存在しないらしい。植物が持っているものは、根と茎と葉というのが基本的な植物学の分類。花は、萼片、花弁、雄蕊、雌蕊等からなるが、これらはいずれも葉の変形物にすぎない。それでは〈花〉とはどういうものか。茎をぎゅっと短くして一カ所にぐっと葉を寄せ集めたもの、これが自然科学的な意味での〈花〉である。そしてこの〈花〉とは高等植物の生殖器管である。

われわれは赤い〈花〉、白い〈花〉などという。いまこの大学（京都精華大学）の近辺には、タカサゴユリが、白く印象的な〈花〉を咲かせているが、人間が白い部分を〈花〉だと名づけているだけのことである。名付けられていなければそれは〈花〉でもなんでもなく、葉の変種にすぎない。このような意味において「自然の〈花〉」といえども「文化の〈花〉」である。背の高い百合の〈花〉は目につくが、地面に近い下の方に咲いていた赤や白の小さな〈花〉は、雑草とよばれ、だれも美しい〈花〉とは認識せず、名前すら知らない。そしてしばしば踏みつけられてしまう。文化というものは区別し、差別するものである。〈花〉もまたそういう文化的な存在でしかあり得ない。しかし、自然に即して考えていったときに、動物と植物はどう違うだろうか。

生殖のための知恵

植物は基本的に動かない。種が落ちた場所に根を張ってその位置から動かないものだ。『そんなバカな!』(文藝春秋、一九九一年)という本の著者で生物学者の竹内久美子は、人間にまで拡大して生物というのは、基本的にすべて、種を保存し、生殖し繁殖するために存在するのだと書いた。たしかにそういう言い方もできるであろう。それに即していえば、動かないものが自分自身をコピーし再生させる、つまり生殖という活動をしなければならない植物

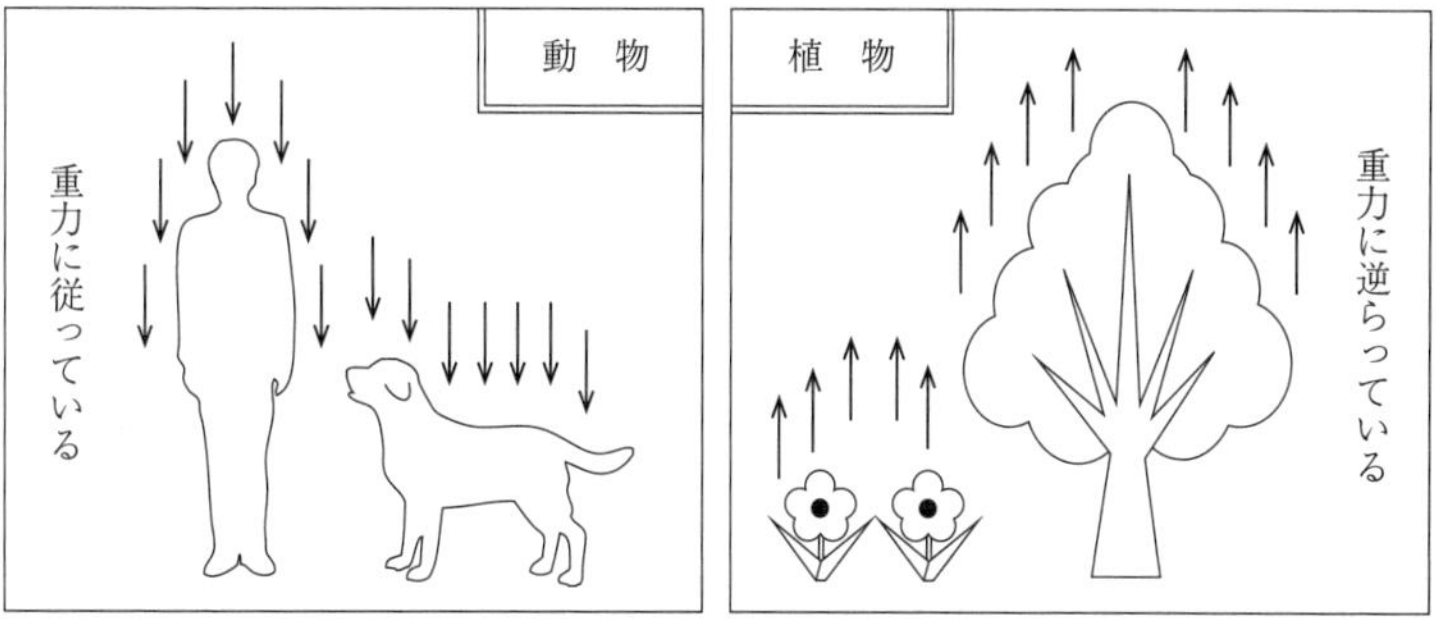

動物と植物の違い

には、様々な知恵がそこに働く。植物というのはすぐれた知恵者である。自分は動かないが、その代わりに風を使いあるいは虫を使うなどといろいろな誘い方をしながら受精、受粉し自分自身を増やしていく。自己の子孫を増やしていく営みを続けているのである。それが植物の生殖である。それに対して動物は、ひとつところに留まらずあちこち動き回って相手をみつけ、種の保存と繁殖を続けていく。そういう意味で動物というのは動き回る生物なのである。

動物と植物の違い

植物はエネルギーを作っていく。自ら葉緑素をもっていて、太陽光のエネルギーと水、空気中の炭酸ガスから自分の生きていくエネルギーである糖を作っていく働きを具えている。

動物にはそのような力がない。自前でエネルギー源物質をつくり出すことはできない。そのため、動き回り、他の動物や植物を捕獲して外部からエネルギーを取り入れる必要がある。動物と植物の間にはその違いがある。

私はいつも感心するのだが、人間や動物は重力に従って頭を下に向け、上から下に流れる重力に対して従順な形をしているのに対して、植物は重力に逆らう骨格をもって造形されている。植物の多くは重力に逆らう形で天に向かって枝が繁っている。柳のように枝垂れの形で重力に従って下がっていくものもないわけではないが、基本的には重力に抵抗して立とうとする構造をもっている。これは植物と動物の非常に大きな違いである。植物は尖った造形をしていると考えられるし、思想的にみても、重力に抗して立ち上がるベクトルを、ひとつのシンボルとする極めて上向的な造形をもっている。植物は生産工場であり、動物はその簒奪者であり商人にも喩えられる。

自然の〈花〉といえども、文化すなわち言葉とともにある。百合が好きだ、松の盆栽が好きだ、梅が好きだ、あるいは桜の時期になると花見に行き花をきれいだという。秋になると紅葉狩りに出かけ美しいと感じる。このような〈花〉への意識は自然に具わっているものではなく、どこまでも歴史と文化の問題、言葉の問題なのである。

漢字語の〈花〉

東アジアでは「文明」とは「文字化」を指す。「文字化」することが「文明化」であり、「文字化」されて生れ出たものが「文化」である――これが基本的な考えである。〈花〉とは「文化の〈花〉」以外ではないから、「日本の〈花〉」は日本語の〈花〉のことである。

すでに前章で触れたが、改めて整理する。日本には三つのタイプの異った〈花〉がある。漢字語の「花」とひらがな語の「はな」、そしてカタカナ語の「ハナ」である。先のロンドンオリンピックで、レスリング日本代表選手が龍の文様のユニフォームで出場したが、龍は中国発の東アジア文明圏に共通の神獣。日本の象徴とするには少々無理がある。

歳寒の三友――松・竹・梅

漢字語の〈花〉は、漢詩、漢文、漢語とともに育まれた。この〈花〉の第一は、日本ではおめでたいときにかならず登場する「松竹梅」。鰻屋や寿司屋のメニューでも松は厳選した高級品、梅は一般普及品という意味で松、竹、梅というランクが付いている。

聴松亭、竹の家、紅梅荘など温泉旅館名や料亭名にとどまらず、メニューや部屋名にも松の間、竹の間、梅の間という名前が付いている。この「松竹梅」は漢詩、漢文によって自覚するにいたった漢字語の〈花〉である。中国ではこの三つはともに長い歳月にわたって風雪に耐え、頑張って生えている植物ということで「歳寒の三友」とよばれ大切にされている。「松」は枝を張り、亀のような形で根を張り、踏ん張った姿、つまり中国ならではの政治的な長命評価がある。老獪の国・中国において、年を取って節を出し枝も曲がりながらも風雪に耐え、どっしり構えている政治家、知識人のシンボルである。しかし、日本ではその意味が若干ずれて長寿を象徴する縁起の良い植物として扱われている。

「竹」はそのエキスが体によいといわれるように、生命力のシンボル。上へ上へとまっすぐに伸びる。「苦節何年」という言い方があるように、ひと節ひと節、節を作りながら重力に逆らって伸び、聳え立つ。それは知識人、政治家の象徴である。「竹取物語」「かぐや姫」もこの「竹」の生命力観から生れてくる中国発の物語である。

「梅」は雪の中で、冬の寒さに耐えて雪かと見まがうばかりの白い美しい〈花〉を咲かせる。「寒中の白梅」である。これまた冬の季節つまり逆境、苦境に耐えて、志操を貫く政治家、知識人の象徴である。

「歳寒の三友」=「松竹梅」。ひらがな語の「まつ・たけ・うめ」ではなく漢字語の「松竹梅」。古い中国に起源する歴史がある。日本で盛んな盆栽の松を思いうかべると、これらをつい日本固有のもののように考えてしまうが、漢字語の〈花〉には大陸で培われた文化的意味が中核に居坐わっているのである。

四君子——蘭・竹・梅・菊

中国絵画の題材となる「四君子」——「蘭」「竹」「梅」「菊」。中華料理店の壁に絵がかけられているのをよく見かける。これらは、指導者、政治的なエリートの具えるべき高貴にして香気な品格をたたえた花である。「四君子」は政治的エリートのかぐわしい美しさを象徴する。「蘭」は春のかぐわしい香り、「春蘭」である。「春蘭秋菊」という漢語があるが、秋のかぐわしい香りは秋菊。蘭や菊の花の強い香りを身にまとうような政治的エリートの美しい姿、あるいはそうあるべき政治家＝文人の姿を指す。

「晩節を汚す」という言葉があるが、その晩節の節は竹の節でもある。どこまでもまっすぐに伸びる竹、それは人民に信頼される東アジアのエリートの理想の姿である。「梅」は春を招き、またかぐわしい香りをもたらす。この「梅」は白である。「梅」は白い雪の中で白い〈花〉を咲かせる。雪と見まちがう〈花〉から、えもいわれぬ香りが漂ってくる、それが「梅」である。

古今和歌集（336）
（『元永本古今集〈上〉二』より）

『古今和歌集』に紀貫之の次の歌がある。

んめのかのふ《不》りお《於》け《介》るゆき《支》にうつりせはた《堂》れか《可》こと事わき《支》てをらま《万》し（336）

「梅の香りが、降りつもっている雪に移ってしまったら、どうやって、梅の花と雪とを区分して折ることができようか」という意味である。

政治語、宗教語、哲学語に長けた漢字語の中国では、〈花〉は政治的エリートが具えるべき品格や品性、佇まいの象徴として見られている。ところが、日本では男女の性愛の比喩として、〈花〉が見られる。

柳・桃

さらによく出てくる漢字語は前章でも少し述べたことだが、春の到来を指す「柳緑花紅」。「柳」が一気に新緑の芽を吹き出す景色は非常に美しい。東アジアでは「柳」は川辺に植えられ、川のシンボル。川に美しい緑がある。対照的に山には紅い〈花〉が一面に咲く。この紅い〈花〉は、中国では桃の〈花〉。「桃李不言」（桃や李《すもも》は何も言わないけれどそこには人が集まってくる。これは徳ある人の下には人が集まることの象徴）という成句が中国にはある。

桃李——紅い「桃」の花。白い「李」の花。「桃」は生命を宿し、胚胎するものとして「桃」は中国では非常に喜ばれる。中華料理の終わりにしばしば「桃」の形の蒸しパンが出てくるが、これも生命を宿すものを象徴しているから。「桃」から生れた「桃太郎」伝説もここから生れている。「桃源郷」は「桃」の〈花〉の咲くところ、生命の宿る理想境、ユートピアである。たくさんの紅い〈花〉が美しく咲き乱れているだけではなく、生命を胚胎し生殖力旺盛のシンボルが桃源郷である。

このように「竹取物語」も「桃太郎」も中国発の物語であり、日本独自のものではない。

〈花〉の王者「牡丹」

もうひとつ漢字語で欠かせない〈花〉は、「牡丹」。これは東アジアの〈花〉の王、皇帝にたとえられる〈花〉である。唐の時代には欧陽脩の『洛陽牡丹記』という牡丹の〈花〉に関する書物まで出版されている。これは〈花〉の王で見事に咲く。日本では島根県の大根島が産地。牡丹の〈花〉は咲き始めから、十日ほどで終わるが、牡丹の〈花〉は切って花瓶に挿すとさらに大きくなり、その見事さには驚く。

仏教の〈花〉「蓮」

「蓮《はす》」の〈花〉は代表的な仏教の〈花〉である。インド原産だが、大陸を経て日本に入り、愛されるようになった。「蓮」というのは、訓読みである。興味深いのは、「睡蓮」。なぜか「睡蓮」には音読みの「スイレン」しかない。「蓮」というのは、これは蜂巣で、蜂の巣からきたという説が有力である。しかし蜂は昔、そんなに愛されたのだろうか、はっきりと語源はよくわからないようだ。しかし訓読みがあり、「はす」と読む。だが「睡蓮」については訓読みがない。睡蓮は、後の時代に日本に入ってきたのだろうか。

一字一字独立した文字の〈花〉

これら漢字語の枠組を下敷にしてこれとの関係に弧島の〈花〉認識、〈花〉意識も形成されることになった。

たしかに、弧島の各地方に、固有の〈花〉認識、〈花〉意識が存在しないわけではなかっただろうが、無文字の段階のそれらは文字（文詩）とともにある漢字語のそれらに太刀打ちできるものではなかった。それでも漢字語との関係下に弧島色の強い〈花〉認識、〈花〉意識は形成されていった。最初に万葉仮名の〈花〉は生れていった。

万葉仮名の〈花〉は、漢字の音と訓を駆使して書かれた万葉歌とともに育くまれた〈花〉である。『万葉集』ができたとき、この弧なりの列島語での〈花〉を見る基本的な視点が定められた。

第一には、『万葉集』にとりあげられることで、数多ある〈花〉の中から、親しみや敬愛をもって見つめられる〈花〉と、それほどでもない〈花〉とが峻別され、愛される〈花〉の方向が決定づけられた。

万葉の花（植物）ベスト10

①はぎ	芽子・芽・波疑・波義	139首（＋1）
②うめ	梅・烏梅・宇米・汙米宇梅・有米・于梅	119
③たちばな	橘・多知婆奈・多知波奈・多知花	74
④あし	葦・蘆・安之・阿之	55
⑤さくら	櫻・佐久良・佐宿木・作樂	43
⑥やなぎ	夜奈義・也奈宜・楊那宜・楊・柳・楊奈疑・夜奈枳	35
⑦なでしこ	瞿麦・石竹・牛麦花・奈泥之故・奈弖之故・那泥之古	26
⑧ふぢ	藤・布治・敷治	24
⑨うのはな	于花・宇乃花・宇能花・宇能婆奈	24
⑩くず	葛・久受・田葛	19（内花は1首）
	以下は抄出	
をばな	尾花・乎花・草花・麻花・初尾花・乎婆奈・波都乎婆奈	18 }35
すすき	須為寸・為酢寸・須珠寸・須酒寸・芒・須々伎・須酒吉・須々吉	17
もも	桃	7 }桃李
すもも	李	1
つばき	椿・海石榴・都婆伎・都婆吉	11
つつじ	乍自・管仕・茵花・管自・管士・都追慈	9
すみれ	須美礼	4
なのりそ	名乗藻・名乗曽・莫告藻・莫告・莫謂・勿謂・勿謂藻・莫語・名告藻	13
かきつばた	垣津幡・垣幡・垣津旗・加吉都播多	7
あやめぐさ	菖蒲・安夜賣具佐・安夜女具佐	12（花ではない）
ゆり	由利・由理・百合・由里・由流	11
やまぶき	山振・夜麻夫伎・夜麻扶只・夜麻夫枳・山吹・夜万夫吉・世麻夫伎	17
きく		0

（目加田さくを『花萬葉』より）

①はぎ		141首
②うめ		119
③まつ		77
④たちばな		70
⑤あし		51
⑥すげ		49
⑦さくら		44
⑧やなぎ		36
⑨すすき		34
⑩ふぢ		26

（木下武司『万葉植物文化誌』より）

第二には、選び出した〈花〉を、大陸からの漢字をそのまま用いて表記、表現するか（訓読漢字）、それとも、島国で呼びならわされている音で表記、表現するか（音読漢字）という違いが表われた。これは、前者では東アジア的広がりの中で〈花〉を受けとめているのに対して、後者では弧島で培われた音とともにその固有性を主張せんという違いから生じている。

前の表は前出の『花萬葉』（海鳥社、一九九七年）と木下武司の『万葉植物文化誌』（八坂書房、二〇一〇年）から引いた「万葉の花ベスト10」である。『花萬葉』では、「はぎ」が一三九首、「うめ」が一一九首、「たちばな」が七十四首、「あし」が五十五首となっている。これに対し、『万葉植物文化誌』では、「はぎ」が一四一首、「うめ」は一一九首、「まつ」が七十七首、「たちばな」が七十首となっており、数も内容も異なっている。さらに松田修の『古今・新古今集の花』では、「はぎ」が一四一首、「うめ」が一一八首、「たちばな」が六十八首。それぞれ違うが、花をどう認定するか、どう数えるかで変わってくるようである。

八八頁に挙げる表は文字の表記法から私が数えたもの。「萩」は三十七しか見当たらなかったが、いずれにせよ有力な万葉仮名の花として「萩」が出てくる。万葉仮名時代に「萩」が日本のエリート達の目につき、これを愛でる歌が多くなったようだ。これは中国では重要視されない〈花〉であった。「萩」は新芽のような〈花〉をつける。そこに目を留め、万葉仮名ではその意味を漢字にこめて、「芽」の字を使い、「芽子」と表記している。三十七例のうち二十九例と六例、都合三十五例から「芽」のような〈花〉の姿に目を留めたことが見えてくる。

「梅」の表記は六十例。どうやら、「梅」の一文字では済ませたくなかったらしく、これに「う」という音字をひとつ加えた「烏梅」「宇梅」「于梅」の表記が四十二例ある。「梅」だけでは中国的な世界から出ることができないと思ったのかもしれない。「う」の音を付け加えた表記が四十二例あるということには目を留めておきたい。もうひとつ目を留めておきたいのは、「梅」と「柳」を春の花として、「梅柳」とセットで使う例が三例あること。むろんこれは中国的な花意識をふまえたものである。

「桜」は三十六例ある。これは不思議なことだが、三十六例中三十例が「櫻」の漢字一字で済ませていて、「佐久良」と音仮名での表記は四例しかない。「桜」は中国ではユスラウメの花を指す。「さくら」という音つまり日本固有の花という意識よりもユスラウメと同類の花として「桜」を感じていたようだ。また「櫻」だけという使い方はほとんどなく、三十六例中二十七例が「櫻花」と「花」の字を付けている。これが万葉仮名時代の「さくら」観である。

万葉・古今・新古今・源氏物語の花（植物）くらべ

	万葉集		古今和歌集		新古今和歌集	
①	はぎ	141 首	さくら	61 首	さくら	100 首
②	うめ	118 首	もみじ	40 首	まつ	71 首
③	たちばな	68 首	うめ	28 首	もみじ	28 首
④	すすき	46 首	をみなへし	18 首	うめ	27 首
⑤	さくら	40 首	はぎ	15 首	をぎ	26 首
⑥	くれなゐ	32 首	まつ	14 首	はぎ	20 首
⑦	ふぢ	27 首	きく	13 首	あさぢ	18 首
⑧	なでしこ	26 首	すすき	8 首	やなぎ	14 首
⑨	うのはな	24 首	いね	8 首	はなたちばな	13 首
⑩	をみなへし	14 首	やまぶき	6 首	いね	12 首

（松田修『古今・新古今集の花』より）

	源氏物語	
①	はぎ	152
②	きく	100
③	おみなへし	92
④	をぎ	68
⑤	すすき	67
⑥	あやめ	64
⑦	なでしこ	36
⑧	あし	35
⑨	くづ	33

（松田修『古典の花』より）

万葉集の花の名の表記法

萩（はぎ） 37	芽子	29 例
	芽	5 例
	波疑	2 例
梅（うめ） 106	梅	60 例
	烏梅	34 例
	宇梅	7 例
	于梅	1 例
	宇米	2 例
	汗米	1 例
	有米	1 例
	内（梅柳）	（3 例）
	（花）	（81 例）
橘 （たちばな） 31	橘	22 例
	多知婆奈	5 例
	多知波奈	3 例
	多知花	1 例
桜（さくら） 36	櫻	30 例
	佐久良	4 例
	作楽	1 例
	佐宿木	1 例
	内（櫻花）	（27 例）
紅葉 （もみぢ） 65	黄葉	49 例
	黄	7 例
	毛美知	11 例
	母美知	1 例
	紅葉	1 例
	秋黄	1 例
	内（黄）	（57 例）
藤（ふぢ） 35	藤	30 例
	布治	3 例
	敷治	2 例
女郎花 （をみなへし） 14	乎美奈敝之	5 例
	姫部志	2 例
	姫部四	1 例
	姫部思	2 例
	佳人部為	1 例
	美人部師	1 例
	姫押	1 例
	娘子部四	1 例
撫子 （なでしこ） 23	瞿麦	9 例
	奈泥之故	7 例
	奈弖之故	4 例
	那泥之古	1 例
	石竹	2 例
松（まつ） 24	松	17 例
	麻都	7 例
柳（やなぎ） 5	柳	3 例
	楊奈疑	2 例
卯花 （うのはな） 23	宇能花	15 例
	宇乃花	6 例
	宇能婆奈	1 例
	于花	1 例
尾花 （をばな） 16	尾花	7 例
	草花	4 例
	乎花	2 例
	麻花	1 例
	乎婆奈	1 例
椿（つばき） 4	海石榴	3 例
	椿	1 例

（日吉盛幸編「万葉集表記別類句索引」より抽出）

春設而　如此帰等母　秋風尓　黄葉山乎　不越来有米也（4145）

（春まけてかく帰るとも秋風にもみぢの山を越え来ざらめや）

「もみじ」の例も六十五例ある。しかし大伴家持のこの歌のように万葉仮名では「もみじ」は紅ではなく、黄色い葉だった。「黄葉」が四九例、「黄」のみが七例、「秋黄」が一例、都合五一例に「黄」の字が使われている。現代の日本では、もみじというのは紅葉、紅い葉である。たしかに京都の三千院や東福寺などでは紅い葉。だが、さらに北の方、花脊辺りまで行くと山が黄色く色づいている。東北、北海道などでは錦を織り成すという歌詞のように緑、黄、赤に色づく。今は、もみじは、紅いものだと思っているが、万葉集の時代では紅い葉「紅葉」と書く例は一例しかない。万葉奈良時代のもみじは意外にも黄色であった。草木の葉が黄色くなっている、そういうものがもみじだったということに目を留めておいたほうがよいと思う。

その他、万葉集は〈花〉をどのように表記したかを表にした。

これからみてとれる万葉仮名の〈花〉の代表は、「萩」「橘」「黄葉」。案外みかんの木「橘」が大事に見られている。それからもみじ。このときのもみじは黄色いイメージととらえられていた。これが万葉仮名時代の選ばれた〈花〉たちである。やがて、ひらがなが発明され、使われるようになってくると、万葉がつくり上げた方向をふまえながらもさらにひらがなの〈花〉の美学へと移行する。それを少し見ていきたい。

連続した文字の〈花〉

仮名とはいっても万葉仮名は、漢字だった。これがもはや漢字ではない姿で出現した文字が「ひらがな」である。それではひらがなというのはどういう文字か。その例を五島美術館蔵「古今和歌集巻第一（『高野切』）」で具体的にみていく。ひらがなは万葉仮名のような、一字一字独立した文字ではない。ひらがな＝女手は、連続した文字の姿とともに成立し、存在している。これが本当のひらがなの姿、女手である。今の五十音図に出てくる字姿は、これら誕生期のひらがな＝女手を脚色して現代風に変え、しかも印刷活字に置き替えた文字だ。この女手ひらがなで『古今和歌集』は書かれている。活字のひらがなのような文字がずらずらと並んだものでなくこのように連読する文字で『源氏物語』も書かれた。この『高野切』は『源氏物語』が実際に書かれた時代からはもう少し後の時代のものと考えられているが、このような文字で書かれたことはまちがいない。

頭のほうを少し読んでみる。

『古今倭歌集』。今は「和」を使うが、ここでは「倭」の字を使っている。「倭」とは何かというと『魏志倭人伝』の「倭人」、「漢倭奴国王」印に「倭奴国」とあるように小さいという意味である。矮小の「矮」にもつながる「倭」である。中国が日本を軽視するときに「小日本」というが、それにもつながる意味である。「倭歌」は漢詩とは違った、地方の小さな国歌《くにうた》。ここは非常に大事なところである。「漢詩」ではなくて「倭歌」だというのである。「古今倭歌集　巻第一　春歌上」。その次を少しだけ読んでみる。

　　ふ《不》るとしに《尓》はるた《多》ちける日よめる
　　　　ありり《利》はらのもとか《可》た《多》

「ふる」の「ふ」は「不」。また「尓」の文字からきた「に」。今は「仁」からきた「に」を使うが、ここでは古典でよく使う「尓」からきている女手。そして最後の文字は「多」から生れた「た」である。

これは文字と文字とがつながるべく生れた文字ひらがな＝女手である。そのつながり具合

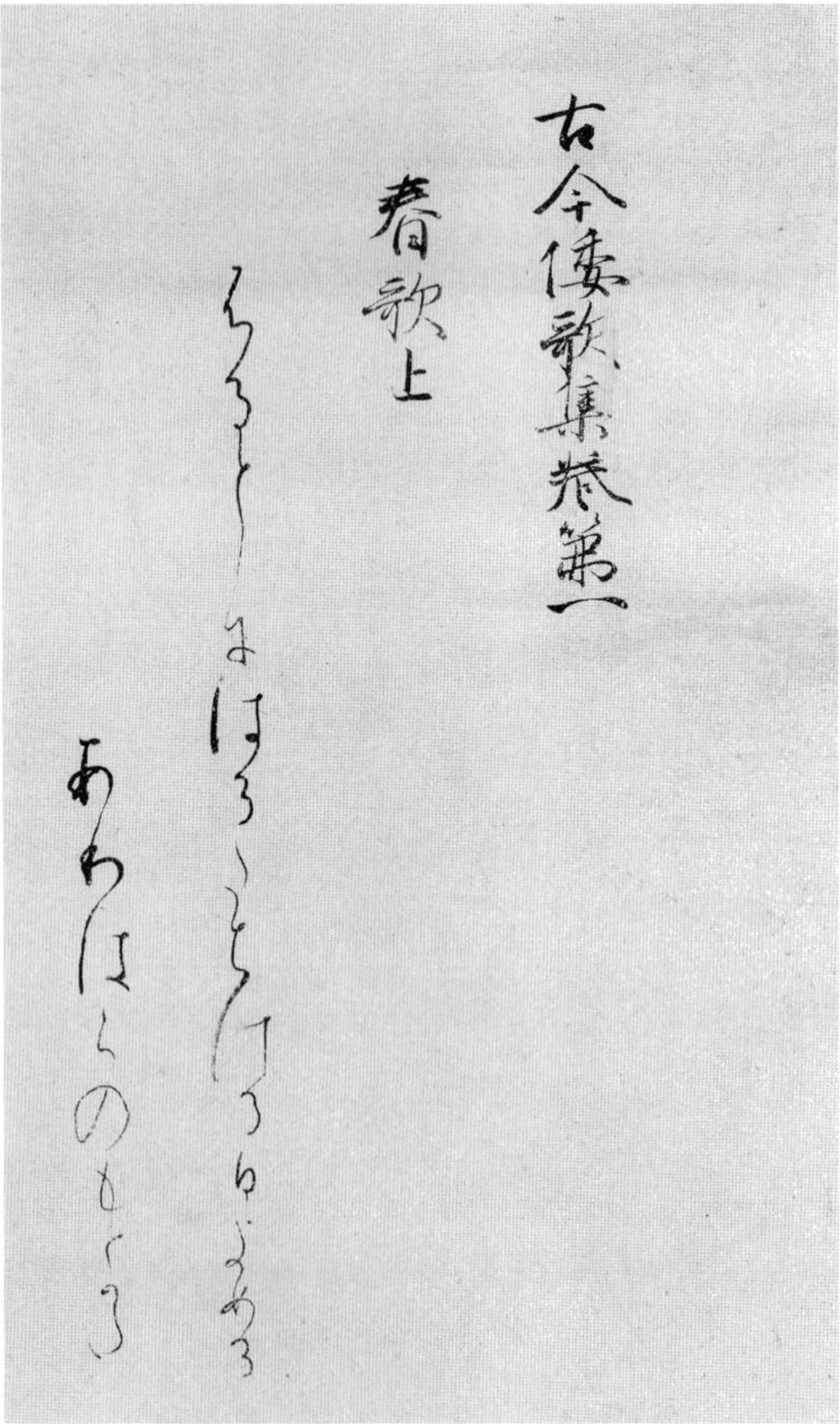

古今和歌集巻第一（五島美術館蔵）（『高野切第一種』より）

をたどってみると、「ふるとしに　はる　たちける　日　よめる」と書いてある。何が言いたいか。「ふるとしに」は「過ぎた旧い年」に、「はるたちける」は「春が立った」、「立春」である。「日」この場合の日は漢字の日でもあり、またひらがなの「ひ」を漢字「日」の字で表わしたと考えてもよい。そして「よめる」は、「その日に詠んだ」。正確に単語を単位としてというわけではないが、ほぼそれに近くつながるべきところではつながり、切れるべきところで切れている。そして全体は、「ふるとしにはるたちける日よめる」。「過ぎた年に立春が来てしまった日に詠んだ歌」というこの詞書は、漢詩、漢語の用語例を思い浮かべつつこれとの関連で表現をつくりあげていく漢詩とは異なり、心に思い浮かんだ言葉をすなおにそのまま書いている。

漢字で書かれている『万葉集』

次の図版をみてほしい。右側に漢字がたくさん書いてあって、左の方に二行女手で書かれている。これは平安時代の『万葉集』の写本である。後のひらがな書きの二行がないのがもともとの『万葉集』である。ひらがなで書いた後ろの二行は、読みをここに記したもの。もともとの『万葉集』は漢字ばかりの前半部だけで成り立っていた。ひらがながまだない万葉の歌は漢字で書くしかなかった。「春過而夏来良之白妙能衣乾有天之香末山」――このように意味と音を吟味しながら、漢字を一字一字並べて書かなければならなかったものが、ひらがなができると「ふるとしにはるたちける日よめる」といっきに連続的に書けるようになった。しかしそれとはひきかえに表現容量は極端に少なくなった。「ふるとし」だから旧年。「はるたちける」は立春。漢字ではこの四字だけ歯切れよく書けばいいにもかかわらず、情報量の少ないひらがなでは長々と書く。しかし、その代わりに滑らかに考え、滑らかにことばを紡ぎ出し、滑らかに書けるようになった。この制作過程からできた「詩」が倭歌＝和歌である。すらすらと流れるように歌をつくり表現できるようになったのは平安時代にひらがながができてからである。「川の流れ」を歌う流行歌がいくつかあるが、川のように流れるのはひらがなの書き方。自分の心の内側から思いが迸り出て流れるように歌が書けるようになったのである。

滑らかに紡ぎ出す『古今和歌集』の歌

古今和歌、つまりひらがなの歌＝和歌の成立とともにひらがなの〈花〉は育まれた。

ここで春の桜と秋の紅葉が大きな脚光をあびることになった。

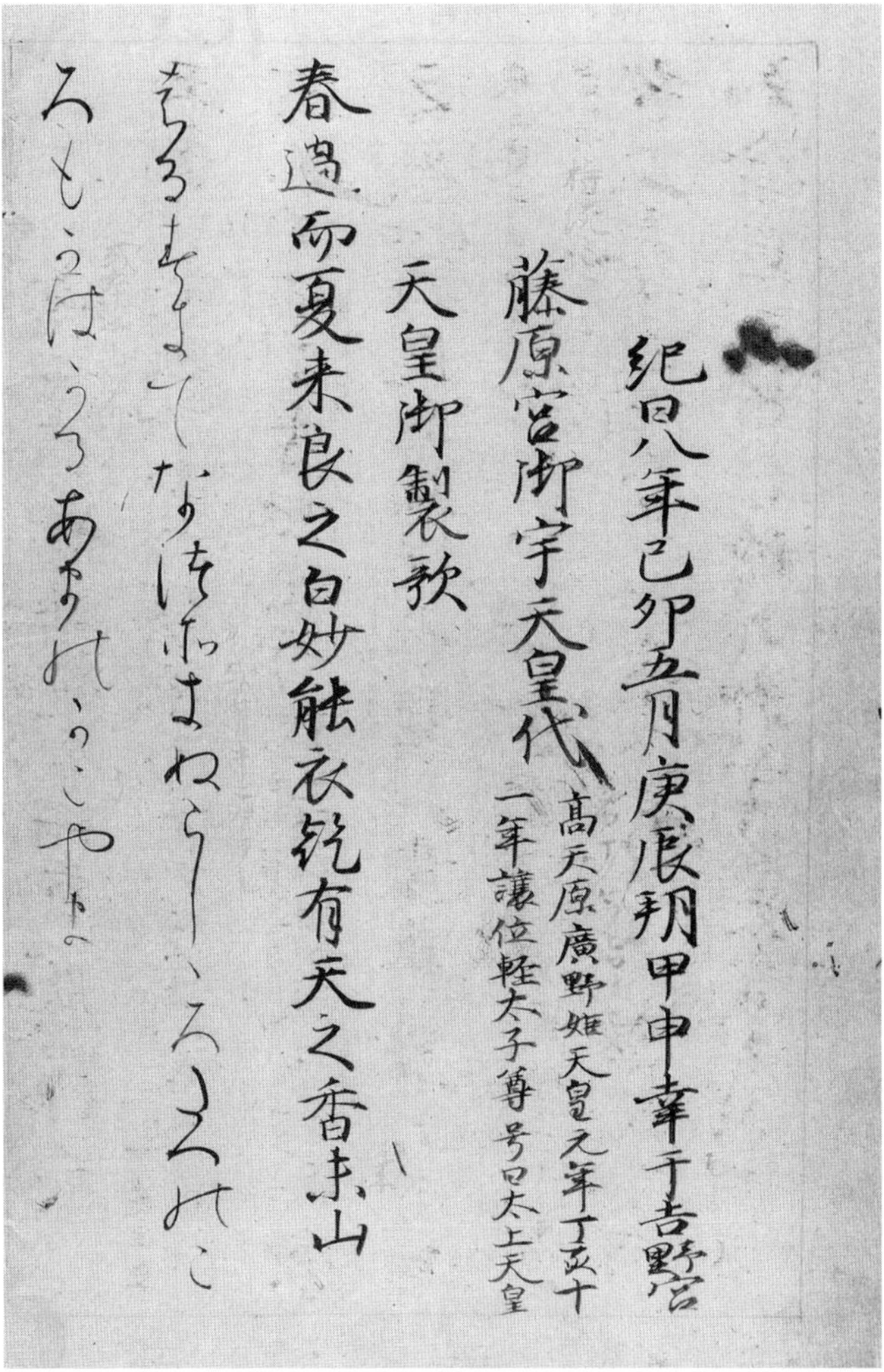
紀曰八年己卯五月庚辰朔甲申幸于吉野宮

藤原宮御宇天皇代　高天原廣野姫天皇元年丁亥十一年譲位軽太子尊号曰太上天皇

天皇御製歌

春過而夏来良之白妙能衣乾有天之香来山

はるすぎてなつきたるらししろたへのころもほすてふあまのかぐやま

万葉集（『元暦本万葉集〈巻第一〉』より）

そのひらがな誕生の喜びを『古今和歌集』の仮名文の序ははっきりと書いている。それが九七頁の図である。この写本も『古今和歌集』が書かれた時代からは一〇〇年くらいは下がるが、実際にもおおよそこのような字姿で書かれていたであろうと推定される。ひらがなが一字一字並べられた姿ではなくて、「やまとうたは　ひとの　こころを　たねとし／て　よろつの　ことの　はとそ　なれり　け／る」。ほぼ言葉の句に従って切れながら次々と文字がつらね書かれていく。ひらがなの成立は、この流れるような書き方ができるようになったことを意味する。それまでの万葉仮名とは違い、はるかに滑らかに歌を作っていけるようになった。滑らかに紡ぎ出していけるようになって、できた歌が、古今和歌集の歌である。

少し読んでみる。「やまとうたはひとのこゝろをた《多》ねとしてよろつの《能》ことの《能》は《盤》とそなれりけ《介》る　よの《能》な《可》かにあるひとことわさしけき《支》もの《能》な《那》れは《者》こゝろに《尓》お《於》もふことを《越》みるものき《支》くものに《尓》つけ《介》ていひいた《堂》せるなり《利》。は《者》な《那》に《尓》なく《九》うくひす《春》みつにすむかは《者》つ《都》のこゑをきけは《盤》いき《支》としいけ《介》る《類》ものいつれか《可》はう《有》た《堂》を《乎》よまさりけ《希》る《流》。ちか《可》らをもいれす《数》してあ《阿》め《免》つちをうこか《可》し、めに《尓》みえぬお《於》に《尓》か《可》み《見》をもあはれとお《於》もはせ《世》しめ、をとこお《乎》んなのなか《可》をもやはらくる《流》はうた《堂》なり。このうた《堂》あめつち（以下略）」。

「やまとうたは人のこゝろをたねとして」――「やまとうた」は和歌。和歌は人のこころを

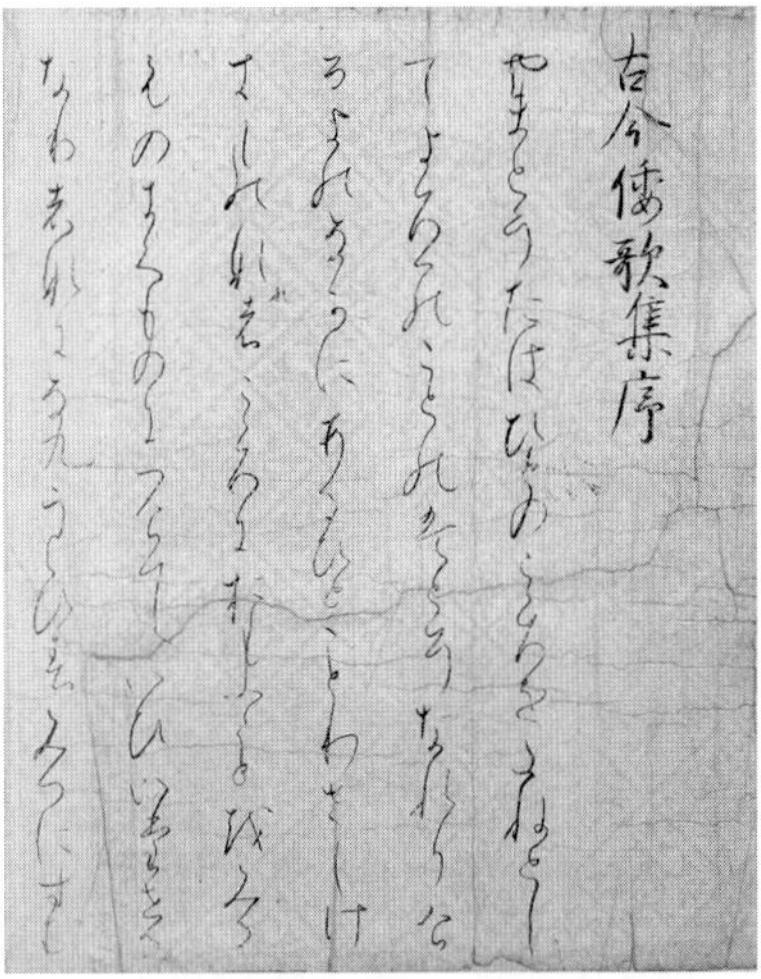

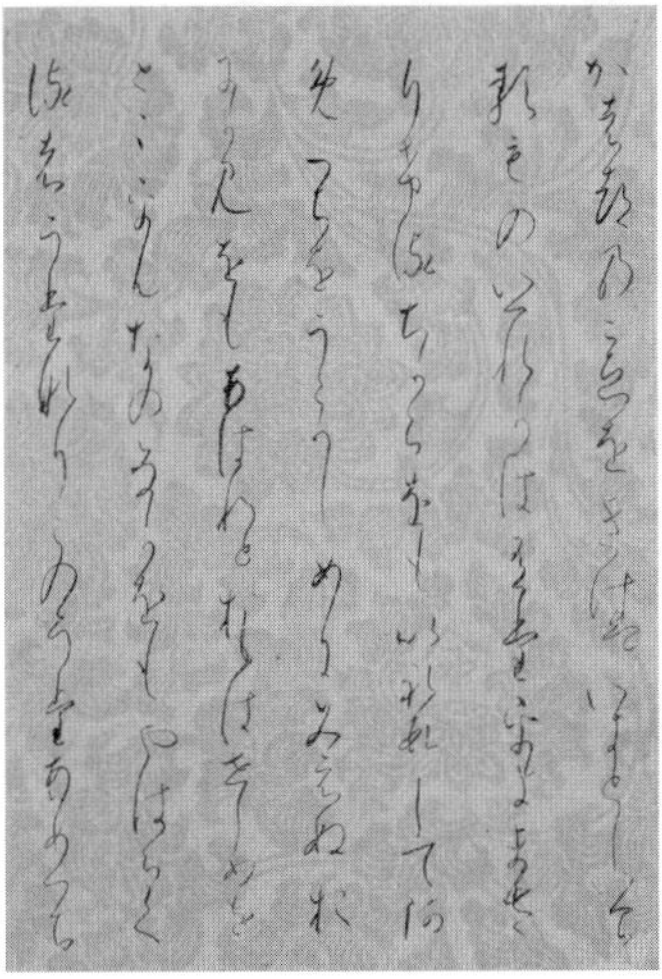

古今和歌集序（大倉集古館蔵）
（『国宝古今和歌集序（巻子本）』より）

種として、「よろづのことのはとぞなれりける」――種から言の葉、言葉が生れてくる。人のこころを種として、よろずの――いろんなことがらの葉っぱができてくる。「世中にある人ことわざしげきものなれば心におもふことを見るものきくものにつけていひいたせるなり」。「いひいたせる」は濁音「言い出《いだ》せる」であり、清音「言い至せる」でもある。出すことと、遠くにまでいたらしめるという意を掛けている。古語では「世中」は男女の仲。男女の仲についで心に思うことを見るもの聞くものにつけて言い出しつくすのだとなる。「花になくうぐひす」――鶯は〈花〉に鳴く。泣く涙との連想からか「水」につながり、「水にすむかはづ」――かはづは、蛙である。「かはづのこゑをきけは」――歌っているように鶯は〈花〉に鳴く、水にすむ蛙も鳴く。生きとし生けるもの、みんな歌を歌っているんだ、と。「ちからをもいれずしてあめつちをうごかし」まったく力も入れないのに天地を動かす。「あめつちをうごかし、めに見えぬおに神をもあはれとおもはせしめ」、鬼は漢字語では死者のことだが、ここでは鬼や神。「をとこをむなのなかをもやはらくるはうたなり。」、歌は、男女の仲をやわらかくする。

藤原定家本系の一般に見られる本ではここを「男女の中をもやはらげ、たけきもののふの心をもなぐさむるは歌なり」とするが図版の「巻子本古今和歌集」では、「たけきもののふ」

『古今和歌集』の構成

四季の歌	巻第一	春歌上	時節（立春・早春）
			地儀（春野）
			動物（春鳥）
			植物（梅花・桜花）
	巻第二	春歌下	植物（桜花・花・藤花・山吹・新緑）
			時節（暮春・三月尽）
	巻第三	夏　歌	時節（初夏）
			植物（花橘）
			動物（時鳥）
			時節（晩夏・六月尽）
	巻第四	秋歌上	時節（立秋・初秋・七夕・秋景）
			天象（秋月）
			動物（秋虫・雁・鹿）
			植物（萩・女郎花・藤袴・花薄・瞿麦・秋草）
	巻第五	秋歌下	植物（紅葉・菊花・残葉・落葉・秋田）
			時節（暮秋・九月尽）
	巻第六	冬　歌	時節（初冬）
			天象（氷・雪）
			時節（歳暮）
	巻第七	賀歌	
	巻第八	離別歌	
	巻第九	羇旅歌	
	巻第十	物名	
恋の歌	巻第十一	恋歌一	
	巻第十二	恋歌二	
	巻第十三	恋歌三	
	巻第十四	恋歌四	
	巻第十五	恋歌五	
	巻第十六	哀傷歌	
	巻第十七	雑歌上（得意順境）	
	巻第十八	雑歌下（失意逆境）	
	巻第十九	雑体	
	巻第二十	歌謡	

以下が欠落している。一般本に従うと、「たけきものゝふの心」、荒々しい武士の心。「たけきものゝふの心をもなくさむるはうたなり」に注意。「なくさむる」は武士の心も歌が慰めるというだけではなく、荒々しい武士の心をもなくす、失わせやわらげるという意味もかくされていよう。途中は略するが、「かくてそ花をめてとりをうらやみ」、〈花〉をかわいいと思い、鳥はいいなと思い、「かすみをあはれみつゆをかなしむ」、霞に心を動かし、露をいとしいと思う。「心ことはおほくさまさまになりにける」、花、鳥、霞、露に対して、それに感じる心と言葉がさまざまに出てくる――とこのように語っている。

『古今和歌集』は四季と恋を歌う

この『古今和歌集』は、日本初の勅撰歌集である。勅撰というのは天皇が編ませたこと。天皇はなぜ歌集を編ませたか。これまでになかったひらがなができて、ひらがな歌、つまり和歌ができたからである。その歌集の序文が、一つの歌について語るとき、漢詩のように、政治、思想、哲学、宗教に関係なく、もっぱら、心が種になって言葉という葉ができる。その「ことの葉」が〈花〉を愛で、鳥、霞、露つまり四季、そして世の中すなわち男女の仲、つまり恋を愛でるといっている。

この『古今和歌集』は全体で二十巻。その中で四季が六巻、恋がそれに対抗して五巻、四季と恋を合わせて半数以上の十一巻にのぼる。それだけではない。残りの雑歌などの巻もほとんどが恋と四季の歌である。現代の短歌では、政治や経済のことも生活や身辺のことも、いろんな事象が詠まれるようになっている。それはむろん、正岡子規に始まる和歌から近代の短歌への革新に負っている。それにしても、『古今和歌集』は恋の歌と四季の歌ばかり。実はこれが日本語と日本文化にとって非常に重大な問題を孕んでいるのである。

第四章　〈花〉と性愛

性愛の和歌集

前章で『古今和歌集』のひらがなの序文を読んでみたが、よく考えてみるとひらがなで書かれた『古今和歌集』は異様な歌集である。

第一には、その序文（かな序）が政治についても、思想についても宗教についても哲学についてもまったく触れることなく、もっぱら四季に偏していることである。第二には、歌集の中の約半数が四季の歌、そして残りの半数が、恋の歌に偏していること。そして、第三には、四季の歌とされていても同時に恋歌であり、恋の歌とされていても四季の歌でもあるという異形な事実である。

この序文（かな序）はもっぱら春夏秋冬という四季とその景物を題材とし、それに加えて「をとこをむなのなかをもやはらき」とあるように、男と女の話、恋愛・性愛の問題を大きく取り上げている。かな序の右側に漢字で注釈を付けると、「種」「葉」「花」「鶯」「蛙」「男」「女」「花」「鳥」「霞」「露」。「今の世中いろにつき人の心花になりにけるより」ここに「花」がある。「色」「好」「薄」。「いにしへの世々のみかと春の花のあした秋の月の夜」とあるように、「春」「花」「朝」「秋」「月」「夜」。

『万葉集』では〈花〉は「梅」を指すが、『古今和歌集』の時代になると、〈花〉が何かを特

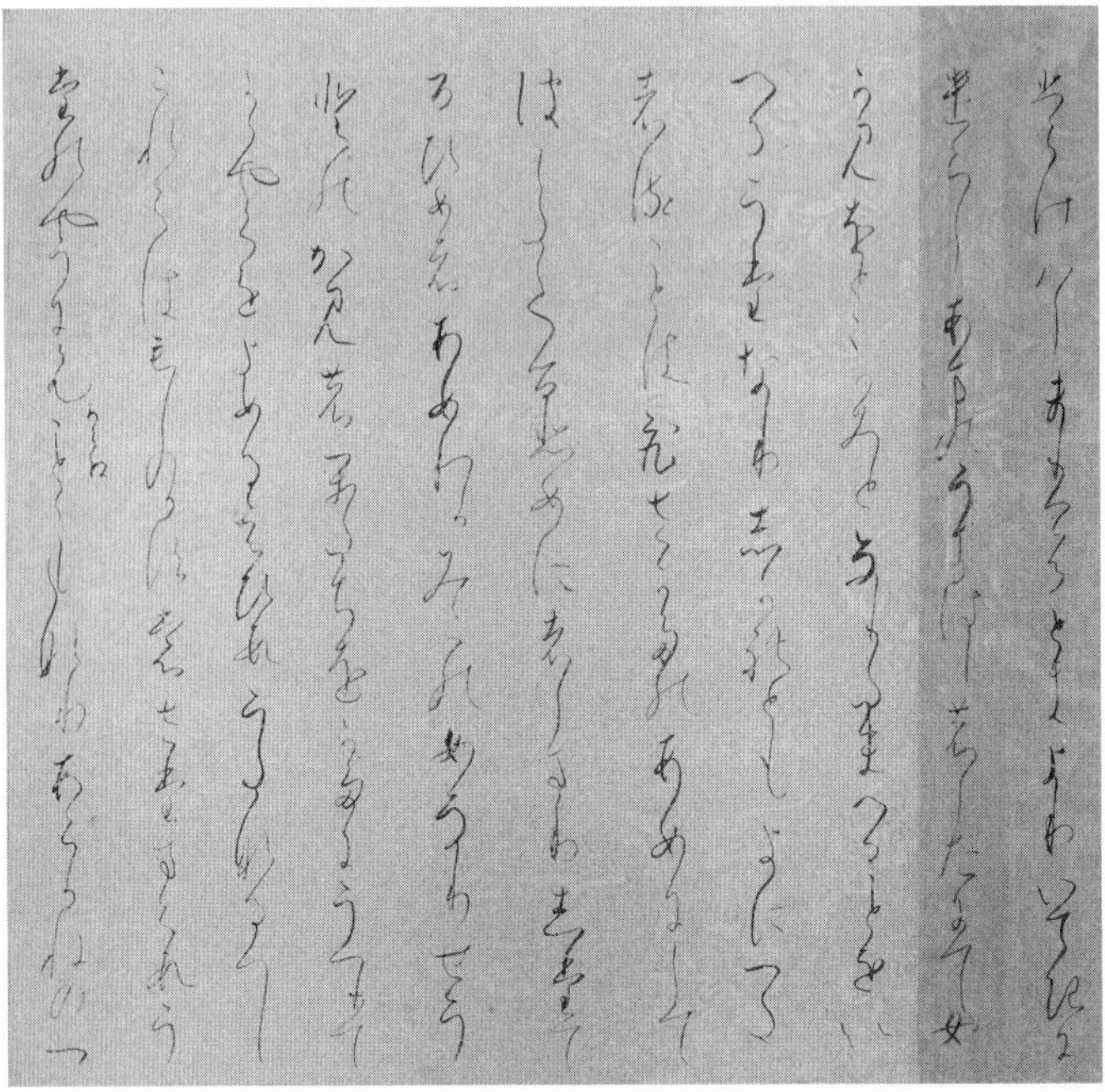

古今和歌集序（大倉集古館蔵）（『国宝古今和歌集序（巻子本）』より）

定している場合は「桜」を指している。蕪村の辞世の句「しら梅に明る夜ばかりとなりにけり」のように、「梅」は夜に似合う。本居宣長は、「しきしまの大和心を人とはば朝日ににほふ山桜花」とうたう。夜の「梅」と対照的に「桜」を朝にもってきている。「あるは花を」「あるは月を」の花と月。「おとこ山のむかしをおもひいて丶をみなへしのひと丶きをくねるに」ここにも男と女が出てくる。女郎花というのは女、女郎花が出てきたときは必ず男が想定されている。

そして、「秋」「菊」「葉」「暁」。問題はこの「暁」である。暁は『古今和歌集』を解く、あるいはひらがなの表現を解く鍵になる。「暁」というのは朝早く、夜が明けること。枕草子にも「春はあけぼの」の句がある。昔の人は朝目が覚めるのが早かったわけではない。「暁」とは何か。夜が明けた朝だ。ということは夜がないといけない。夜があって、つまり男性と女性が一緒に会って、明け方に目が覚める。そのときが「暁」であり、「曙」である。ここにも男女の性愛行為がかくされている。『枕草子』の「枕」とは、男と女が寝る枕のことである。枕を重ねる、枕を交わす、枕を並べる、枕を直す、枕を結ぶの「枕」である。この時代の「暁」や「曙」というのは、早朝に目が覚めたということではなく、男と女の一夜ののちの別れの朝について語っている。一夜会って別れる、その朝のことで、別れと同時に露や霞、すなわち涙、辛い別れである。言うまでもなくこの時代の公家達は、通い婚。女性は、植物のように根を生やして家にいる。男は動物で、男が夜に入ってきて一夜を共にし、明け方になると男は帰っていく。そして次は男がいつ訪ねてくるかわからない。

この基本的な習慣がわかれば、『古今和歌集』の正体がよくわかる。そしてそれが今の日本人や日本語の中にどう生きつづけ、どのように文化的な行動を規定しているかもよくわかる。むろん墨守するだけが文化的伝統ではない。駄目なところは克服して、よいものは伸ばしていくということを考えないといけないのではあるが。

政治、思想、宗教は漢文が分担する

このように、『古今和歌集』の仮名の序文は、もっぱら四季の春夏秋冬と男女の仲、恋愛を比喩に用いてひらがな歌＝和歌の成立を讃美している。その意味で異様な偏りをもった歌集である。

なぜ四季と性愛に終始したのか。それは、東アジア共通の基礎的な表現——政治、思想、宗教、哲学にまつわる部分——は漢字つまりは漢詩・漢語が担っていたからである。この領域についてはひらがな歌は漢詩に太刀打ちできる表現をつくることはできない。

政治的、宗教的な表現を、ひらがな語で表そうとしても無理である。例えば「日本国憲法」をひらがな語でどういえばいいのか。「ひのもとのくにのおやなるおおもとのり」か？「自由と平和」はどうだろう。「みずからよることとたいらけくやすらけく」では神主の祝詞のようではないか。正確には上位のおきてたる「憲」、あまねく分野にわたる「法」と微細に定義づけられた意味を持った漢字語で表していくしかない。この分野の表現に関しては、ひらがな語では漢字語を凌ぐような詩や文は書けない。だがしかし、そこからはみ出る部分がある。人間が生きて生活していくうえでの中心的なもののひとつが男女の仲である。男女が結びついて、子どもができ、家族、家庭ができる。そして子どもが家庭から独立して大人の男となり、女となり、また新たな家庭、家族をつくる。この拡大再生的な循環が人間にとって一番大事なことである。昨今このことが忘れられかけているようなところもある。結婚が一大事なのではない。家庭をつくり子どもができて、子をきちんと育てて世の中に送りだし、自分は役目を終えること。これがこの世を生きる基本的なスタイルである。

消えた家政

ところで、「家政」という語がある。いや、あったと言うべきか。若い人はあまりなじみがないのでこの語に不思議な感覚を持つかもしれない。いまはすっかりなくなったが、かつて、女子大学のほとんどに家政学部や家政学科があった。「家政」とは、「家庭政治」の略称である。一家の政治をどうするか、子どもをどう育て、親戚あるいは地域の家とどうつき合うかということである。今では子どもが産まれたら間もなく保育所に預けて、「私達は仕事をしなくては」と夫婦ともに仕事に出かけている例が多いようだ。だが、それは生活のためにお金を稼がなければならないからやむを得ない緊急避難的行動だといえよう。本来は家の中で子どもを育て、教育するのは両親と一家の役目である。両親が共に家庭にあって子供を育てることこそが理想だ。親が家庭の中で教育をし、それを越える部分は近隣や学校そして社会が教育をする。家と家とのつながり、家と近所とのつながりをどのように共同し連帯していくかを考える、これが「家政」である。この「家政」の分野には当然、衣、食、住が必須なので大学や短大の家政学部には食物科があり、被服科があり、家庭生活科があり、子供を育てる必要から保育科もあった。さらには介護福祉など、社会的、政治的なところまで広がる。現在は、男と女が恋愛し結婚するところまでは多くの情報があふれているが、どのように子どもの心と体をやしない育てるか、どのように世の中の役に立ち、生を全うする子どもを育てるかの物語や経験、教育があまりにも少ない。人間は本来、家族やその周囲が平安に生活できることが第一義である。社会的経済活動のために家族生活を我慢する必要があったり、あるいは経済的活動が第一だということでは決してない。

私が子どもの頃、京都などでは父親が男の子を呼んで漢文素読を教える家もあったようだ。素読というのは漢文を記憶させて素で読ませることである。むろんそのままでは少々古い教育法と言わざるをえない。しかしながら、我が子が将来社会に出て、自力で物を考え、判断

『古今和歌集』中の四季歌・恋歌の割合

巻第一	春上	68	四季歌 342（31%）
巻第二	春下	66	
巻第三	夏	34	
巻第四	秋上	80	
巻第五	秋下	65	
巻第六	冬	29	
巻第七	賀	22	（四季歌・雑）
巻第八	離別	41	
巻第九	羇旅	16	
巻第十	物名	47	
巻第十一	恋一	83	恋歌 360（33%）
巻第十二	恋二	64	
巻第十三	恋三	61	
巻第十四	恋四	70	
巻第十五	恋五	82	
巻第十六	哀傷	34	（恋歌・雑）
巻第十七	雑上	70	
巻第十八	雑下	68	
巻第十九	雑体	68	
巻第二十	大歌所御歌他	32	

＊四季歌＋恋歌　702 首　（64%）過半である。

し、生きていくことを教える領域は漢字語が分担している。その点では、意味もわからぬまま歌詞を覚え歌を口ずさむことがあるように、漢文、漢詩の素読は、現在も有効である。子を産み育て、一人前にして送り出す――こういうシステムは家政という家庭政治の問題である。現代は、深く考えることもないまま家政という言葉を追放し、恋愛のゴールとしての結婚ばかりに目が注がれ、それ以降の生活上の教育と訓練がない。ここから、それほど切迫した事情があるとも思えない子殺しや親殺しなどの犯罪を犯す未熟な大人と子供が育つことにもなっている。

六割が四季と恋の歌？

さて本題に戻ろう。漢字、漢詩で表現できないひらがな語でできた詩が和歌である。漢詩が得手としなかった和歌の表現領域とは何であったか。それは、『古今和歌集』の歌が表現したものを知れば自ずと明らかになる。『古今和歌集』のかなの序文が春夏秋冬と男女の事象から和歌を説明しているように、『古今和歌集』は春夏秋冬の四季と恋愛の歌しかないと言ってもいいほどの不思議な歌集である。

『古今和歌集』は第一巻から第二十巻まであるが、これはただ順に並んでいるのではなく折りたためるような構造になっている。一から十までと十一から二十までが対を成すようにできているのである。第一巻から第六巻までが春上、春下、夏、秋上、秋下、冬という四季。第七巻から八巻、九巻、十巻がその他の四季雑詠。この前半十巻部は基本的に四季の歌という姿をとっている。そして、第十一巻から第二十巻までの後半部の第十一巻から第十五巻までの五巻は恋の歌。それに添えられた第十六巻から第二十巻までの五巻はその他の恋歌が添

四季の割合

	春	夏	秋	冬	春秋
万葉集	358首(28%)	215首(17%)	583首(47%)	139首(11%)	1215首(75%)
古今和歌集	134首(42%)	32首(10%)	127首(39%)	29首(9%)	322首(81%)
新古今和歌集	174首(30%)	110首(19%)	266首(47%)	48首(8%)	571首(77%)

（稲垣光久『日本のこころ』より）

えられている。前半の一〜六巻が四季の歌、十一から十五巻までが恋の歌である。これを足すと全体の六十四％が四季の歌か恋の歌ということになる。しかし、これは表面上の話。第七巻から第十巻まても四季の歌の雑歌であり、第十六巻から第二十巻も恋歌に属する雑歌である。つまり、『古今和歌集』の歌はすべてが四季の歌か恋の歌であるといえる。それだけではない。もう少しみていくとさらに不思議な出来事に出合う。

裏表一体の四季と性愛

それは、一から六巻の四季の歌は、四季の歌でありながら恋の歌となり、また第十一巻から第十五巻は恋の歌でありながら四季の歌になっていることである。表題だけをみると一巻から六巻までが四季の歌で、十一巻から十五巻までが恋の歌だというように思いがちだが、中身を吟味すると、四季の恋愛歌であったり恋愛の四季歌であったり両者、裏表一体の関係であることが読みとれるのである。

春秋二季の歌

また前半部は四季の歌とはいうものの、その実は、春と秋との二季の歌である。ひらがな歌は、基本的に二季を褒め讃えた。表は稲垣光久の『日本のこころ』(協同出版、一九六一年)から引用したもので、それぞれ春夏秋冬をどう歌に詠んでいるかを数えている。『万葉集』では、春が三五八首(二十八%)、夏が二一五首(十七%)、秋が五八三首(四十七%)、冬が一三九首(十一%)。中国式漢字語では「春秋」は政治的な歳月を意味するが、春と秋の出現数が『万葉集』では七十五%。しかも秋のウエイトが圧倒的に高い。ところが、『古今和歌集』になると、春は一三四首(四十二%)、夏は三十二首(十%)、秋が一二七首(三十九%)、冬が二十九首(九%)となり、春が秋より重要視される春秋逆転現象が起きている。ただしこれはあくまで春夏秋冬に分類された数字で拾ったもので、実際の表現の中から拾ってきたものではない。

春と秋を合わせると八十一%、八割強が春と秋である。極論すれば、夏と冬はいらない、春と秋だけあればいいという歌集である。『万葉集』より『古今和歌集』のほうが春と秋に偏しており、春と秋が強調されている。

その春と秋の中でどのような〈花〉が詠み込まれているか。人によって数字の取り方が違

四季の景物の出現数

万葉集	春	桜花 79　梅花 77　霞 60　鶯 31　柳 20　野 17
	夏	花橘 44　卯花 16
	秋	紅葉 138　七夕 104　萩 64　月 51　雁 35　鹿 33
	冬	雪 86　霜 11　梅花 9
古今和歌集	春	桜 75　梅 17　鶯 16
	夏	郭公 28
	秋	紅葉 38　菊 12　女郎花《をみなえし》 12　雁 12
	冬	雪 23
新古今和歌集	春	桜 76　梅 12　霞 11　春月 10
	夏	時鳥《ほととぎす》 32　五月雨 12
	秋	月 69　風 33　紅葉 27　露 22　鹿 15　萩 13
	冬	雪 27　時雨 22　月 15　霜 11　嵐 10　千鳥 10

（同前より抜粋）

うが、稲垣の調べによると『万葉集』では春は「桜」が七十九、「梅」が七十七と多く、「霞」も六十ある。夏は「花橘」が圧倒的で、秋は「紅葉」が一三八、「七夕」が一〇四、「萩」もある。冬は「雪」が八十六と圧倒的。夏は橘、冬は雪とはっきりしているが、秋と春は競い合っている。「七夕」を除けば「紅葉」と「萩」。これが万葉仮名という名の漢字で書かれた歌である。

ひらがな歌の『古今和歌集』になると、春は「梅」を凌いで「桜」。夏は「郭公」で、〈花〉から「鳥」に代わる。秋は「紅葉」になり、冬は圧倒的に「雪」となる。夏の歌が「橘」から「郭公」に代わったことには注意が必要だ。少し後の鎌倉時代に近い『新古今和歌集』になると春は「桜」、夏は「時鳥」、秋は「月」に代わり、冬は「雪」となる。『万葉集』ではウエイトの高かった「梅」から「桜」へと代わり、「梅」が扱われる度合が減った。そして日本における〈花〉の嗜好が、春の〈花〉は「桜」だということが『古今和歌集』以降増えてきた。そして夏は「橘」ではなく、「時鳥」という鳥になった。〈花〉と鳥の関係は、咲いている〈花〉つまり女のもとに男の鳥が通ってくるという構図の女と男の関係である。

日本の文化を理解する三冊

ここで余談を挟む。日本の文化を理解するための本はまず『万葉集』、二番目に『古今和歌集』、三番目は『源氏物語』。この三冊をきちんと読めば、今の日本語につながる日本人の生活や文化、生活のスタイルと意識に関わる様々なことが読み解ける。歌集では『万葉集』と『古今和歌集』、文学では『源氏物語』。日本では現代の小説とて、『源氏物語』を何らかの形で踏まえる形でしか展開していないと言っていいほどだ。この三冊だけは特別な古典であると記憶しておいたらよい。『古事記』は神話であり、人気があるが、日本の文化をきちんと知るには、『万葉集』、『古今和歌集』、『源氏物語』、そしてもうひとつ『新古今和歌集』が入ればそれで十分である。

さて、『古今和歌集』から『新古今和歌集』で、「紅葉」が「月」に代わり、場面が「夜」

『道元』（宝慶寺蔵）

に代わった。夜は女が男を待つ。月を見るのは月を見ながら男が通ってくるかどうかに思いを馳せるという時間であり、心理である。『新古今和歌集』の時代になると宋の時代の中国の文化が日本に影響を与えてくる。そして蒙古《モンゴル》が中国に元朝を建てるころになるとこれを逃れた禅などの大陸文化が大挙して疎開してくる。禅宗の一派である曹洞宗は日本で一番寺院数が多い。その創始者の道元が詠んだ「春は花　夏ほととぎす　秋は月　冬雪さえて　すゞしかりけり」という有名な歌があるが、この歌は、『新古今和歌集』の四季のトップスターを見事に詠みこんでいる。このように、「桜」「ほととぎす」「月」「雪」が日本の春夏秋冬を象徴する〈花〉に変わっていくが、それ以前の、『古今和歌集』の時代には、「桜」「ほととぎす」「紅葉」「雪」。『古今和歌集』の時代にひらがなの〈花〉は「桜」と「紅葉」に代表された。ここから日本人は花見と紅葉狩りに誘われていくようになったのである。

藤原定家と『古今和歌集』

さて、四季と恋との結びつきについて具体的にみていこう。図は「高野切《こうやぎれ》古今和歌集」。『古今和歌集』ができた時代よりも一〇〇年以上下がる時代に書かれたもので、元の歌は大半がひらがなであったと考えられるにもかかわらず、漢字を少し書き加えている。とはいえ、歌はひらがなですらすらと続けて書かれている。第一巻の春の上、在原元方の歌から読んでみる。

と《東》しのうちに《尓》るは《盤》き《支》に《尓》け《介》り《利》ひと〳〵せ《勢》をこそ《曽》とやいは《者》むことしとやいは《者》む《無》（1）

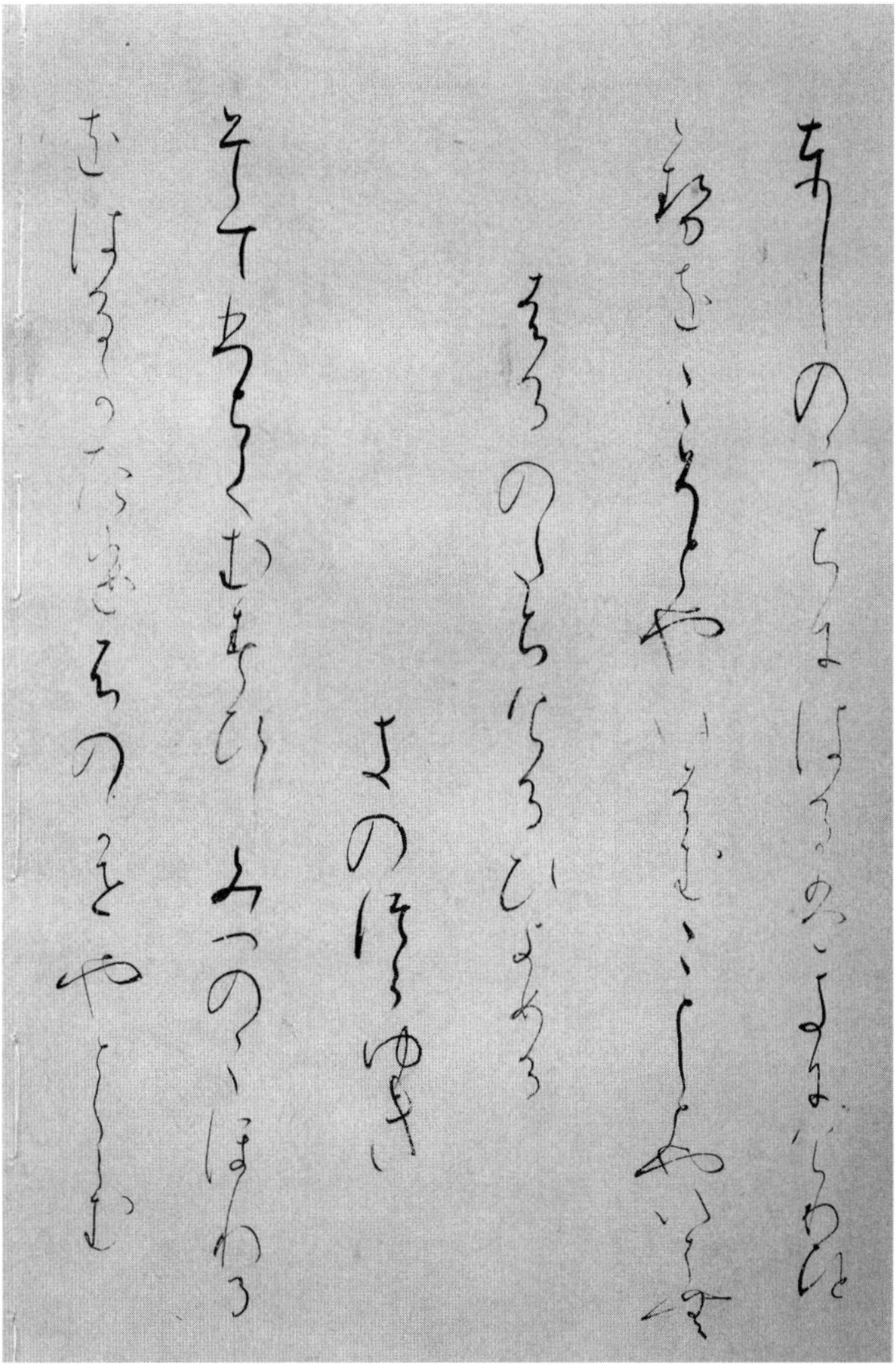

古今和歌集（1）（『高野切第一種』より）

ところで、現在、われわれが見るような『古今和歌集』を作ったのは藤原定家である。藤原定家はすぐれた業績を残した人物であるが、また悪習を決定づけた人物でもある。この人が日本語と日本文化の方向を決定づけ、また元々の表現に戻れなくしてしまった。何をしたか。和歌は、もともとひらがなの歌である。濁点のないひらがなの清音表記状態でそこに表現された複線性に理解がいかないとほんとうの意味はわからない。そこにいくつか歌の意味が重ねられているのだが、それをひとつの意味に定め、漢字かな交じりに替えてしまった。この定家を踏まえて現在の古典文学全集などでは漢字かな交じりで書かれている。しかし、もともとはほぼすべての文字が清音表記のひらがなで表記されていたのである。

もう少し歌を辿ってみる。これが『古今和歌集』の一番最初に出てくる歌。春夏秋冬の春、それも立春の歌である。「と《東》しのうち」「東」はひらがなとは言えないが女手の「と」である。「と《東》しのうちに《尓》」の「に」は前に第三章で触れた「尓」。次の「はる」は英語のスペルと同じように、「は」と「る」の一語がきちんとつながり、一語で分かち書かれている。その次が「は」。これは「盤」という漢字をくずした「は」。こういう女手（現在でいう変体かな）は難しいと思うかもしれないがよく使う字は限られており、馴れていくとすぐに読めるようになる。そうなるとまた読み解きも面白くなる。とくに頭が柔軟な若い時期は、すぐにわかるようになり、漢字かな混じりの印刷本で読むより、こういう原典で読んでいくことによって重層的、複線的な表現がよくわかってくる。「はるは《盤》き《支》に《尓》け《介》り《利》」。今使っている「け」は「計」からきているが、ここでは「介」からきた「け」を使っている。「り」は相当に漢字「利」の形を残している。その次は、「ひと」。「ひ」「と」と分けて書いているのではなく「ひと」とつながり、一字化している。これは驚くべき表現である。複数の文字が連続し一体化して一語となる。これこそがひらがなの特性。文字を連ねて滑らかに書けるようになった文字がひらがなである。それだけではない。「ひ」の最終筆は「と」の第一筆と一体化した「掛筆」「併筆」と化している。一筆が二つの文字の筆画を兼ね併せているのだ。

日本の着物に、あわせるやかさねるという言葉から生れた、「袷」や「襲」がある。あわせかさねる美学は、この掛筆《かけひつ》あるいは併筆《あわせひつ》また兼筆《かねひつ》の構造をもつひらがなの書法からなるひらがな語すなわちひらがな文化の特性からきている。漢字、ひらがな、カタカナ、こういうものをかさね、あわせ、かけあわせて日本語は成っているが、そのスタイルを再生産しているのが、このひらがな文字の書法である。ひらがなは、その内にかさね、あわせの書法を内包している。女手の歌は表記上の連続と断絶によって、構造的に二併性を隠し、さらに濁点を付さないことによって、これを倍化しているのである。

季節と恋をかさねた歌

次に元永本古今和歌集の図版を見てみよう。

ゆき《支》の《能》うちには《者》るはきに《尓》け《介》り《里》う《宇》くひ《悲》す《須》のこほ《保》れるな《那》みたいまやとくらむ《無》（4）

この歌はどういう意味だろうか。「ゆきのうちに」、雪が降っているうちに、「はるはきにけり」――立春になった、ここまではすんなり理解できる。「うくひすのこほれるなみたいまやとくらむ」とはどういう意味だろうか。「こほれるなみた」は現在では必要な濁点を付していないと見れば「こぼれる涙」であり、そのままなら「凍れる涙」である。ほんとうのところは、その二重の意味をかくしている。なぜこぼれた鶯の涙が凍っているのだろうか。泣くから涙がこぼれる。雪の日で寒かったからその涙が凍っている、しかし春になりその陽光が氷を溶かす。涙も溶けて流れる。これで鶯も鳴くことができるという歌だ。しかしなぜ涙だろうか。涙はひらがな歌、和歌では、別れの象徴としての涙である。冬の間はいとしい人も通って来てはくれない。しかし春になり暖かくなってきたから、思う人がまた通ってきてくれるのではないか、という意味が裏に重なっている。鶯の涙、鳴くという言葉の中に、

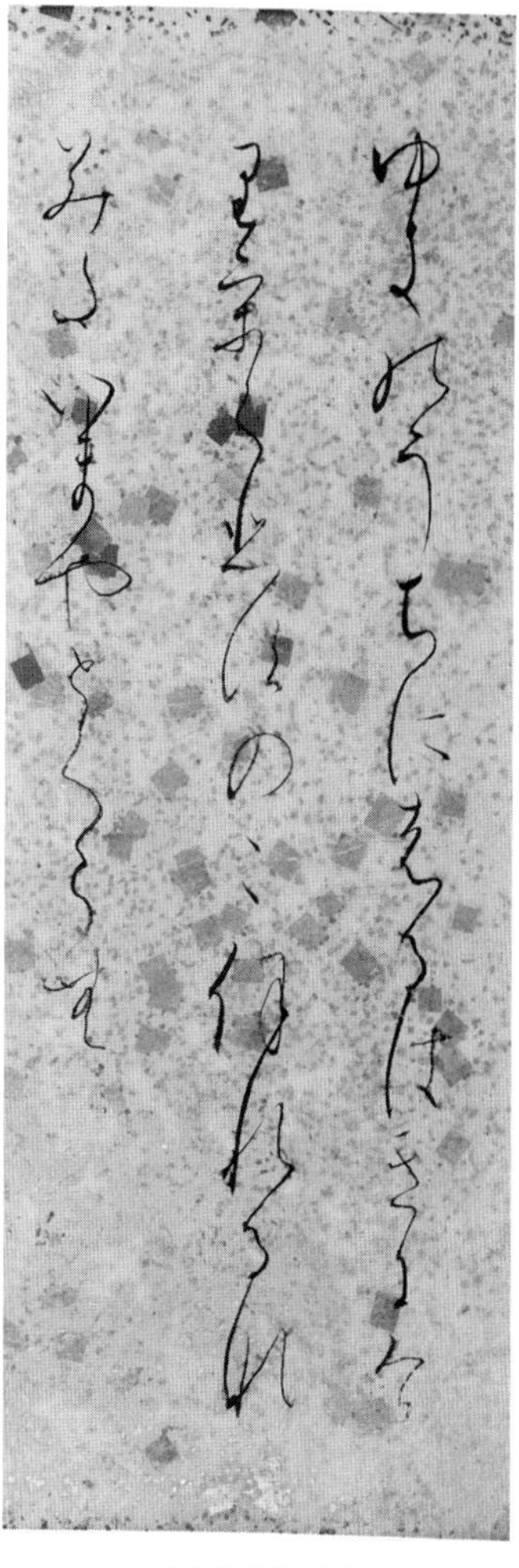

古今和歌集（4）
（『元永本古今集〈上〉一』より）

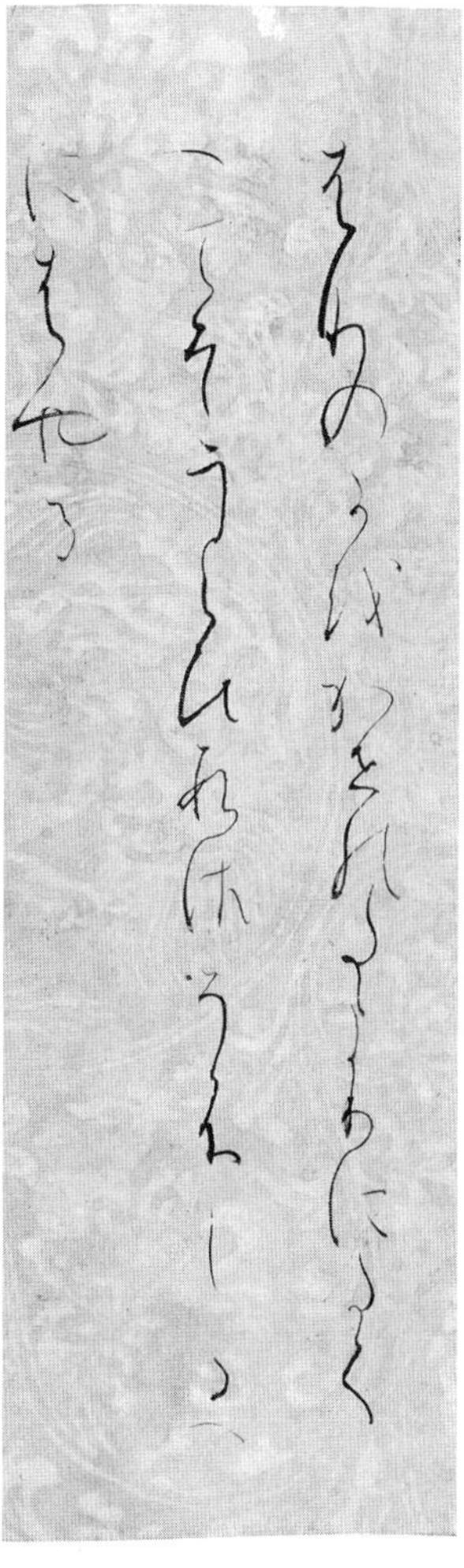

古今和歌集（13）
（同前より）

また愛しい人が通ってくるのではないかという期待が歌われているのである。

次は紀友則の歌である。

は《者》な《那》のか《可》を《越》かせ《世》の《能》た《多》より《利》にた《多》くへてそうくひす《数》さ《佐》そ《曽》ふ《不》しるへには《者》やる（13）

表面上は、花の香りを風の便りに添えて、鶯を誘う合図にして送ろうという春の季節の歌。そのようなそぶりを見せながら、実は春になったのだからはやく私のところへ来てください、という恋の歌である。春夏秋冬の春の歌に分類されているが、これは季節の歌のふりをした恋歌である。

裏面を読む

次の歌に進もう。

ちり《利》ぬとも《无》か《駕》をた《多》に《尓》の《能》こせ《世》む《無》め《面》の花こ《古》ひ《悲》しき と《東》き《支》のおも《无》ひ《非》い《意》てに《尓》せ《勢》む《舞》（48）

ここに、ひらがなの原文で読んだ方が良い歌が登場する。「かを」というのは「香を」、香りと同時に「顔」、人の顔という意味が含まれている。散ったとしても香りだけは残してください梅の花よ、その面影を「こひしきときのおもひいてにせむ」——恋しいときの思い出

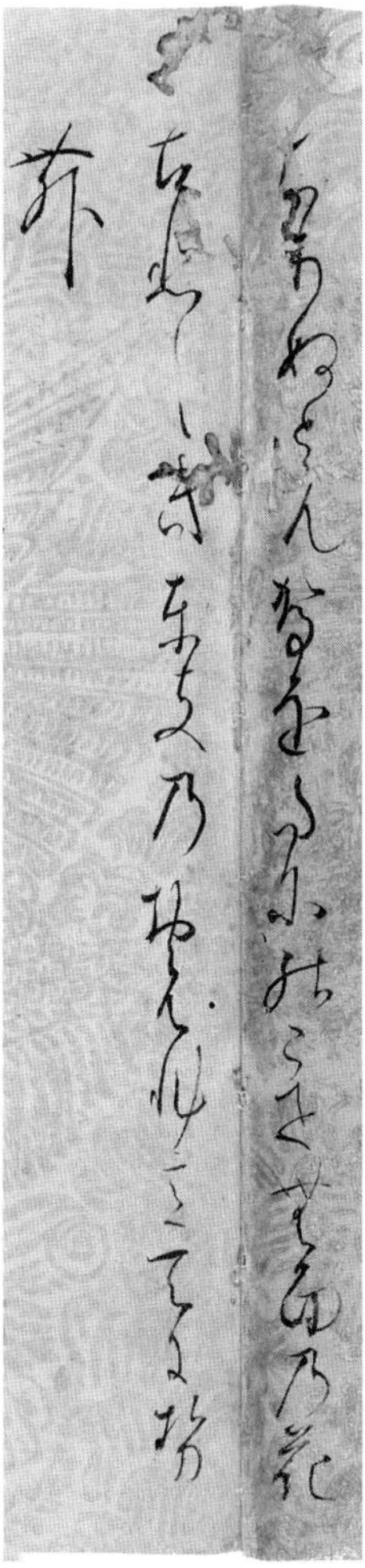

古今和歌集（48）
（同前より）

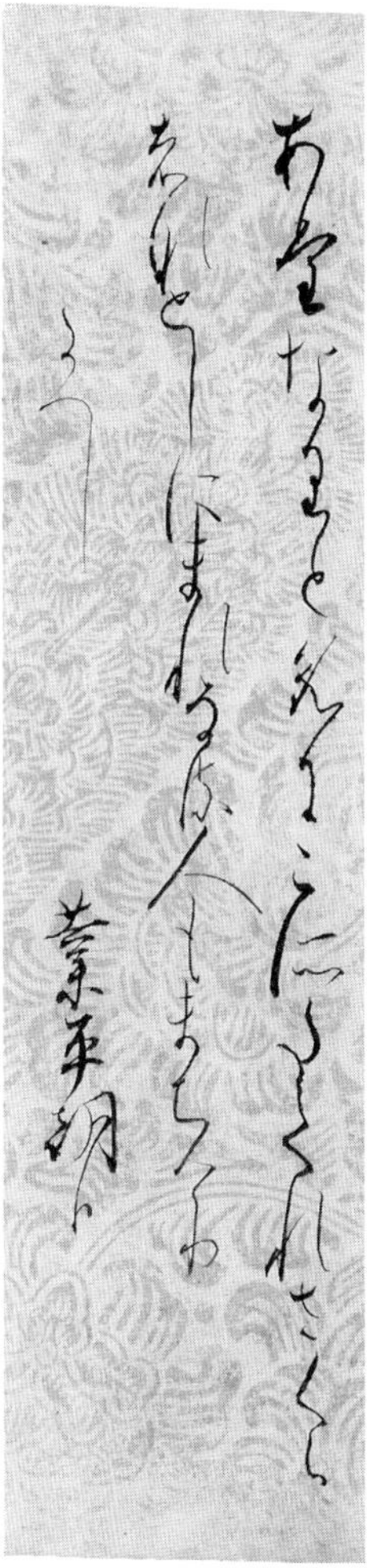

古今和歌集（62）
（同前より）

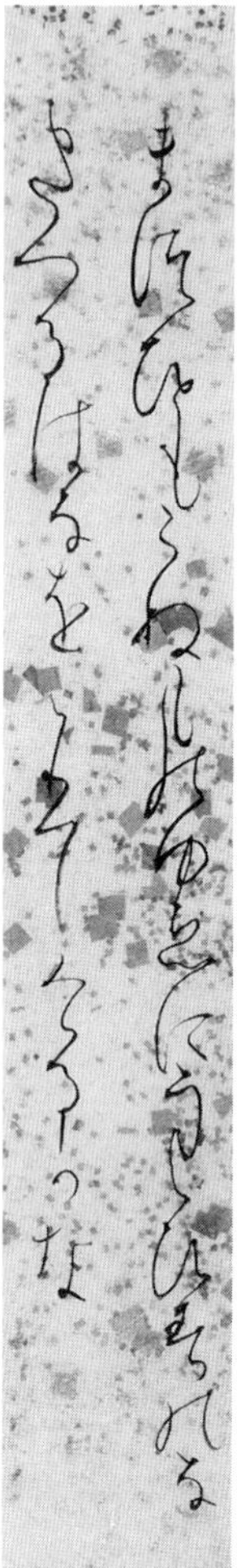

古今和歌集（100）
（同前より）

にするからという意味。むろん香りは単に梅の花の香りだけではなく一夜を共にしたあの人の香りという意味がここに含まれている。

あた《堂》なり《里》と名に《尓》こそ《所》た《多》て《弖》れさくらは《者》な《那》としにまれなる《流》人もまちけ《介》り《利》（62）

これなどは春の歌に分類されてはいるものの面白い恋の歌である。咲いてもすぐに散ってしまって惜しいという浮き名を流している桜花よ、一年に一度きりしか咲かないけれども、その桜花のように年に一度通ってくる人を待っているわという意味である。「あたなりと名にこそたてれさくらはな」――気が変わりやすい桜の花であるが、「としにまれなる人もまちけり」――浮気で一年のうちにたまにしか来ない人をこうして待っているという、恋の歌である。

次も春の歌に収められているが、

まつ《徒》ひともこぬの《能》ゆゑにうくひす《春》の《能》なきつるはなをゝり《利》てけ《介》るか《可》な（100）

これはたんに鶯の歌を歌っているわけではない。待っていてもあの人は来ない、鶯が留まって鳴いている花の枝を折ってしまおうかな、どうせあなたは来ないのだから、あとは知らないよという意味。鶯のように浮気をしてよその庭の木の花にとまっているその枝を切ってしまいたいものだという意味を重ねている。これまた鶯や梅を歌っているふりをしながら実のところは恋の思いを歌っている。恋の思いが春夏秋冬、季節の歌に収録されている。表面だけを見ていると確かに春夏秋冬の季節の歌であり、花を愛で鳥を愛でる歌のように見える。しかし、実はその裏に男と女、待っている女とやってくる男、来ない男と待つ女、その花と鳥との行き違いなどを歌い込んでいる。『古今和歌集』の歌はこのように四季と性愛が表裏一体になっていると解釈していってほとんど間違いがない。

年に一度の逢瀬

また、夏は、ほとんどが年に一度の男女の逢瀬である七夕の歌になる。年に一度の逢瀬を、今のわれわれはおりひめ（織女）とひこぼし（牽牛）の物語として知っている。だが、その当時は自分自身のもとに通ってくる男との逢瀬に重ねていた。むろん七夕は日本の祭ではなく中国発の祭。中国の習慣、習俗から、日本に入ってきたものだ。しかし、年に一度きりではなくもっと会いたいという、そういう道具立として七夕は歌われている。

ひさか《可》た《堂》の《能》あまの《能》か《可》はらのわ《和》た《多》しもり《利》きみわた《多》り《利》なはかちか《可》くしてよ（174）

これは、天の河原の渡守さん、あの方がこちらにお渡りになったら、櫂をかくして帰れないようにしてくださいね、という歌。七夕だから秋の歌に収められてはいるものの、恋歌以外の何ものでもない。

恋々て《天》ふ《不》夜は《者》今夜あまのか《可》はきり《利》た《多》ちわた《多》り《利》あ《阿》け《介》す《須》もあらな《那》む《無》（176）

恋しく恋しく思いつづけてさあやっと今宵逢える。せめて今宵は霧が一面に立ちこめてそのまま明けないでほしい。

こう見ていくと、『古今和歌集』前半の歌とて、季節の歌を歌っているのか、恋の歌を歌っ

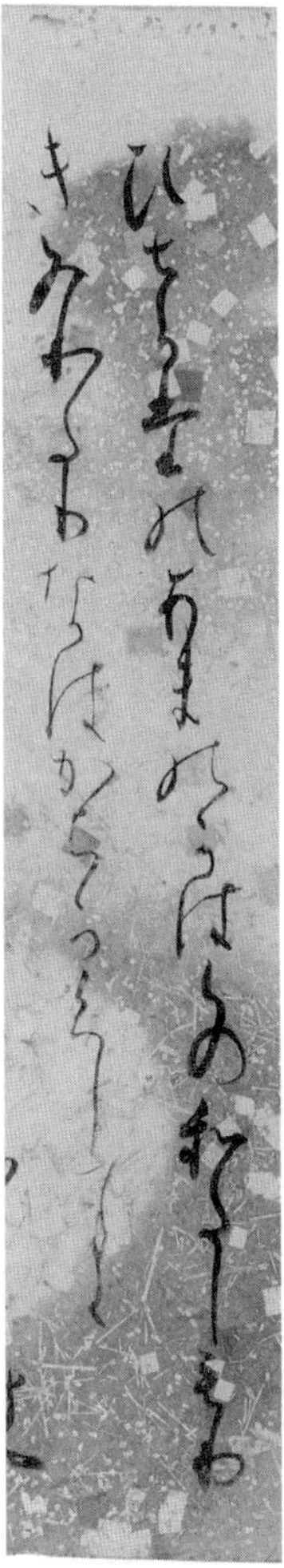

古今和歌集（174）
（同前より）

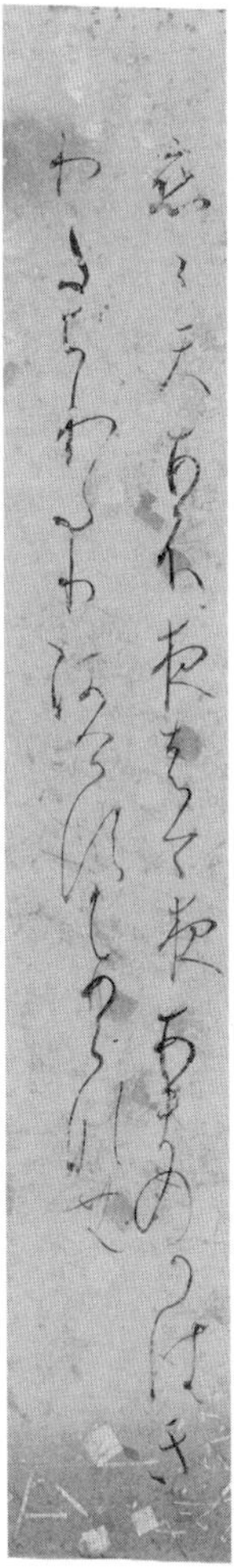

古今和歌集（176）
（同前より）

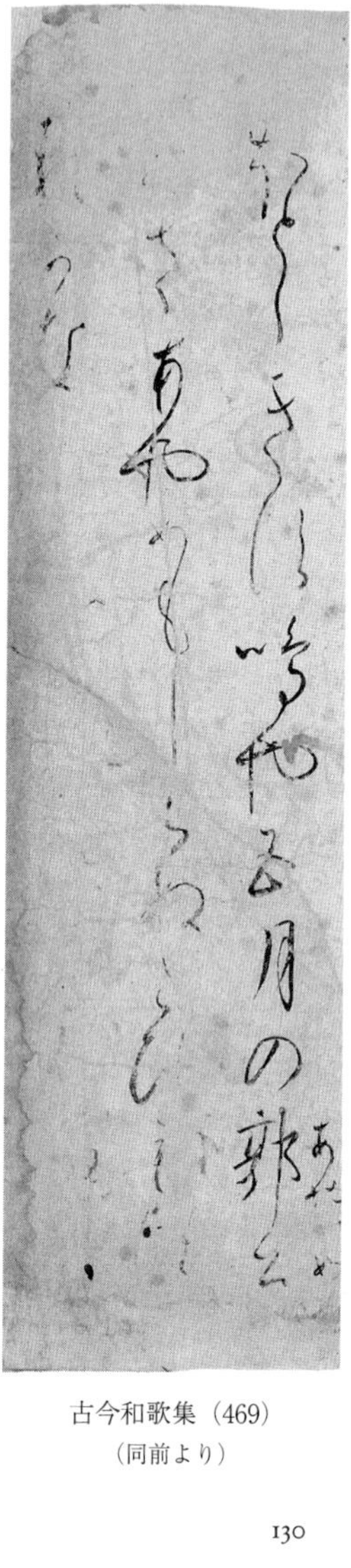

古今和歌集（469）
（同前より）

ているのかわからないことが理解できよう。『古今和歌集』の後半部もまた恋の歌を歌っているのか季節の歌を歌っているのか、わからない。そのような構造になっている。

『古今和歌集』の巻第十一、四六九番、題しらず、読人しらずの歌が恋歌の劈頭を飾る。

ほ《本》と、きす《須》鳴や五月の郭公《あやめ》くさあやめも《无》しらぬこひもす《須》る《類》か《可》な（469）

ほととぎすが鳴いている、あやめ（菖蒲）の花も咲いている。ああ私もけじめもわからなくなるような恋をしている。ここでの元永本の「郭公《あやめ》」の表記には驚かされる。おそらく、書き手も郭公《ほととぎす》とあやめの文目《あやめ》がわからなくなったという意味を重ねてあえて郭公の傍にあやめというふりがなをつけて複線に表記しているのだろう。むろんこの歌は恋歌だが、そこには、五月のあやめやほととぎすが歌いこまれた夏の歌でもある。

吾やとのんめのは《春》つえにうくひす《春》のねに《尓》なき《支》ぬへき《支》恋もするか《可》な（498）

この歌は私の家の梅の上枝で鶯が鳴いているという季節の歌と鶯のように大きな声をあげてのびのびと歌うような恋をしたいという恋の歌とが重ね合わされている。

これらを整理すると、季節の歌とされている第一〜六巻は四季の恋歌で第十一巻から第十五巻は恋の四季歌と言ってさしつかえない。他の巻にも同じことが言える。こう見ていくと

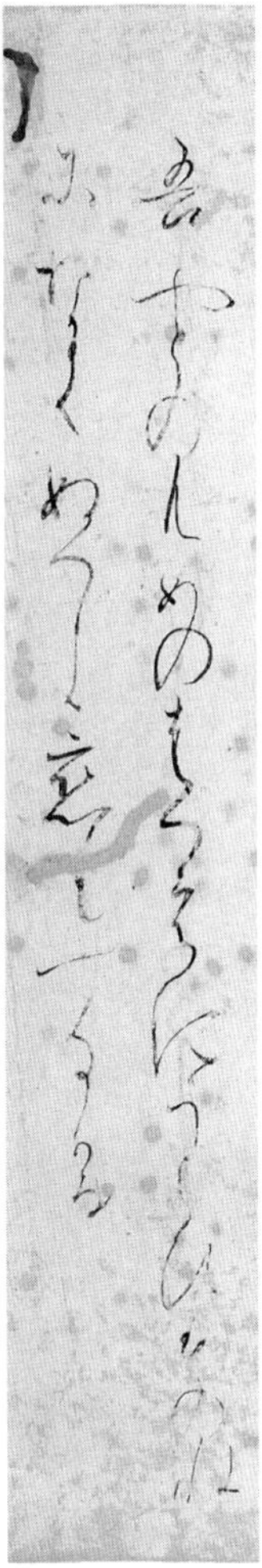

古今和歌集（498）
（同前より）

『古今和歌集』はすべて恋の歌であり、季節の歌であると言ってもいいすぎではない。これは驚くべきことである。だが、そのことはかなの序文の中にはっきりと書かれている。「男」と「女」そして「花」「鳥」――そういう歌なのだと。

その構造を論理的に解くとどうなるだろうか。四季は自然の恋愛、性愛である。そして恋愛、性愛は人間の四季である。『古今和歌集』の中で光が当たる季節と行動は、春の出会いと秋の別れである。冬の歌は寒いから来てくれないという歌ばかりである。春になると待っていた人がやっと来てくれる。ここに男女の出会いがある。それが漢字語でいう青春である。何度か触れたが、男女の性愛は春という言葉に通じているのである。

第五章　「〈花〉言葉」そして流行歌

「〈花〉言葉」はどこにある

大きな書店に行くと、趣味・生活コーナーに「〈花〉言葉」に関する本を何冊か見つけることができる。「〈花〉言葉」は、〈花〉が何かを象徴しているだけにとどまらず、〈花〉が意味をもつ言葉のように通用するものとして知られている。しかし、近年は、なんとも軽い出版が多くなり、〈花〉言葉についても本格的な本は見かけられなくなってしまった。しかしかつては、春山行夫の『花ことば——花の象徴とフォークロア』（平凡社、1、2とも一九八六年）のように歴史的、文化的にこれを解き明かそうという本格的な本があった。ここでは、樋口康夫の『花ことば——起原と歴史を探る』（八坂書房、二〇〇四年）を手引きにしながら「〈花〉言葉」について考えてみたい。実のところ、私は、〈花〉言葉というと百合の花であれば清純、バラの花であれば情熱、カーネーションであれば慕情、チューリップであれば親愛というような一定の規範的で確定的な見解があるだろうと考えていた。だが、実際に〈花〉言葉の本にあたってみると、よく似た説明がある一方で、異なった説明もあり、一定の解釈が成立しているわけではないことを知った。

各出典にみる花言葉の意味①

出典 花	A 夏梅陸夫 『花言葉［花図鑑］』	B 国吉純監修 『想いを贈る　花言葉』	C フルール·フルール 『花言葉・花飾り』
うめ	㊀気品 ㊎忠実	高潔 忠実 忍耐	不屈の精神 高潔
さくら	優美な女性	精神の美 優美な女性	精神美 純正
ゆり	（やまゆり） 荘厳	（やまゆり）荘厳 子の愛・孝心 (白)純潔・高貴 (赤・桃)虚栄心 (黄)不安	純粋さ 愛らしさ
きく	高潔	高潔	逆境にいても快活
ぼたん	富貴	風格 恥じらい	恥じらい 人見知り 王者の風格
もも	気だてのよい娘	気だてがよい	私はあなたの虜です 長命 女性のやわらかさ
すいれん	——	清純 信仰	純粋な心
チューリップ	(赤)愛の告白 (黄)望みのない恋 (白)失われた愛	思いやり (赤)愛の告白 (黄)名声 (白)失われた愛 (紫)不滅の愛	思いやり (赤)愛の告白 (黄)名声 (白)失われた愛
あやめ	よい便りを待っています	よい便り	よい便り

＊花言葉には，何らかの根拠があるかのようだが，実のところは上記のように，まちまちで一貫性がない。信用するに足りようなものではないようだ。

〈花〉言葉もさまざま

たとえば、夏梅陸夫『花言葉［花図鑑］』（大泉書店、二〇〇〇年、以下Aと表示する）という本によると、「うめ」は気品である。国吉純監修『想いを贈る　花言葉』（ナツメ社、二〇一〇年、以下B）では、高潔・忠実・忍耐、フルール・フルール『花言葉・花飾り』（池田書店、二〇一〇年、以下C）によると不屈の精神・高潔という意味だとする。高潔は後の二冊では重なっているが、気品はAだけで、他の二つにはない。一三六頁に比較表を掲げた。

「さくら」は、Aでは優美の女性、Bでは、それに加えて、精神の美というのもある。そしてCでは精神の美は共通ながらこれに純正が加わっている。

「やまゆり」は、A、Bともに荘厳。

「きく」は、A、Bでは高潔とする。「うめ」の高潔と「きく」の高潔とはどう違うのだろうか。そしてCでは逆境にいても快活とされる。

「ぼたん」はAでは富貴。Bは風格、恥じらい。Cは恥じらい、人見知り、王者の風格となっている。風格と恥じらいそして人見知りという三つの性格はいったいどのようにつながるのだろうか、その判断に窮する。また東アジアでは王者の風格と見る「ぼたん」が恥じらいや人見知りというのは一体どこからそういう意味が生じてきたのかについても疑問がわきあがる。

「もも」についてはA、Bともに気だてがよい。きっともとになった出典が異なるのだろうが、Cでは私はあなたの虜、長命、女性のやわらかさという意味とされる。

「すいれん」についてはAでは触れていない。Bは清純、信仰。Cでは純粋な心とする。

「あやめ」は、Aはよい便りを待っている、B、Cもよい便りというように、どれも同じく、よい便りの象徴としている。

この「花言葉」をながめていくと、「うめ」や「きく」、あるいは「ぼたん」など東アジアで、重要視され、愛されている花についての花言葉にばらつきが大きいことが見て取れる。逆に、西欧の花であるチューリップでは、色によって違いがあるように細分化しており、赤いチューリップはいずれも例外なく愛の告白。黄色については望みのない恋もあるが名声というのは、B、Cに共通している。白いチューリップの失われた愛はいずれにも共通している。

西欧の〈花〉言葉

さらにもう少しみていくと、「ばら」では、Aは赤いばらが愛であり恋。Bでは赤は情熱・

各出典にみる花言葉の意味②

花＼出典	A 夏梅陸夫『花言葉［花図鑑］』	B 国吉純監修『想いを贈る　花言葉』	C フルール・フルール『花言葉・花飾り』
ばら	(赤)恋・愛 (黄)嫉妬 (ピンク)感銘	美・愛情 (赤)情熱・内気 (黄)嫉妬 愛情の薄らぎ (ピンク)一時の感銘 (白)純潔 私はあなたにふさわしい	(赤)無垢で愛らしい (黄)嫉妬深い (白)少女時代
つばき	(白)申し分のない魅力 (赤)気どらない優美さ	(白)至上の愛らしさ (赤)謙虚な美徳	(白)完全なる美しさ (赤)控えめな素晴しさ
さるすべり	雄弁	雄弁	雄弁・饒舌
かわらなでしこ	大胆	大胆	大胆
すみれ	謙遜・誠実	謙遜・誠実	忠実・貞節・謙虚

内気、Cは無垢で愛らしいと出典によって変わってくるが、黄色いばらは共通に嫉妬。また、感銘を受けたという意味のばらはピンクのようで、A、Bに共通する。

「つばき」の白については、申し分のない魅力、至上の愛らしさ、完全なる美しさ、と表現は異なるものの「至高」の意味はいずれも共通している。赤についても、気どらないあるいは謙虚、控えめな美しさというように、「抑制」の意味が共通している。

秋口まで咲き、インド原産で寺院の庭によく見られる「さるすべり」は、長い間咲いているからなのか、雄弁。

これも共通している。

日本女子サッカーチームの愛称で注目されている「なでしこ」は日本では小さくてかわいいというイメージの花だが、西欧的な〈花〉言葉では「大胆」という意味があるようだ。「すみれ」については、謙遜・誠実・謙虚で、日本語のイメージと共通している。

これらはごく一部であるが、このように〈花〉言葉には似た傾向がみられないわけではないが、一定のきまった象徴性はない。西欧で生れたものだが、さりとて西欧で広く受けとめられているようなものでもないようだ。そして、東アジアで愛される東洋的な、〈花〉については定説が非常に弱く、恣意的になっている。それでは、西アジア的な、イスラム的な〈花〉についてはどうか。また、南アジア的な〈花〉についてはどうだろうか。西欧には植民地化の歴史があるから、これらについても西欧的に解釈された〈花〉言葉はあるかもしれぬが、もともと地元で根付き、愛されてきた象徴的な意味合いとは恐らくかけ離れていると思われる。これらに較べれば、西欧の〈花〉については似たような傾向があるともいえる。このように〈花〉言葉なるものはあくまでも西欧起源の西欧的な歴史の中で育てられたものである。

つまり〈花〉言葉は、

一、基本的には判然とした根拠のない恣意的な言説が多い。

二、しかし、西欧の〈花〉については一定の傾向がある。
三、そして、東アジアの〈花〉については定説が薄弱である。
四、つまり、花言葉はどこまでも西欧的な象徴文化である。
と総括することができる。

ギリシア神話にはじまる〈花〉言葉

〈花〉言葉は、西欧の言葉、文学の歴史とともに形成された。第一にはギリシア神話、第二には聖書が基本的な枠組を決めた。さらにそれは、第三に中世の〈花〉言葉、第四にエリザベス朝、ルネサンス期の〈花〉言葉、そして、西欧近代の〈花〉言葉へと展開を遂げていった。以下具体的に西欧の〈花〉言葉の歴史を見ていこう。典拠として、一番最初の出典はギリシア・ローマの〈花〉言葉、とくにギリシア神話からくるところの〈花〉言葉と〈花〉の象徴である。

ギリシア・ローマの〈花〉言葉の代表は、ボッティチェリの《ビーナスの誕生》(一四八五年頃)の絵画に描かれた「ばら」と「月桂樹」。海の泡からビーナスが誕生し、「ばら」の〈花〉がその周りに散らばっている。「ばら」は美の象徴。また、マラソンの優勝者は月桂冠

ボッティチェリ《ビーナスの誕生》(ウフィツィ美術館蔵)

をもらうが、その月桂樹の〈花〉言葉は「死ぬまで変わらない」。これは、永遠に処女のままでいたいという誓いを立てていた妖精が、アポロンに迫られ、逃げた。その挙句に、その妖精は木に変わってしまう。その木が月桂樹であるというギリシア神話から来る。

聖書に拠る〈花〉言葉

西欧のものの考え方の枠組はキリスト教にある。歴史的には、中世の宗教者であるキリスト教の祭司たちが、聖書的なものを根付かせていった。アップルコンピュータは現代の企業だが、そのシンボルマークは齧られたリンゴ。これは、旧約聖書『創世記』に登場する話。アダムとイブがエデンの園で、神から「あなた方は何を食べてもよろしい。ただし園の中央にある木の実だけは食べても触れてもいけない。死んでしまうから」と諭される。その木はリンゴの木であったとする。ところがイブは蛇にそそのかされて、大胆にも、美味しそうだ賢くなれそうだと禁を破って食べてしまう。その齧られたリンゴがアップルコンピュータのマークである。

そのように西欧の思想は深くキリスト教を根にもつ。それは中世には西ヨーロッパに広まった。そして一八〇〇年代、フランス革命が終わり近代に入ると、ギリシア神話的またキリスト教聖書《バイブル》的社会が世俗化し定着する。この時期に〈花〉言葉に関する書物が生れ、それが現在の〈花〉言葉の基盤になっている。根っこはギリシア神話と聖書そして中世のキリスト教社会にあるが、〈花〉言葉が書物となって誕生するのは近代に入ってからである。エリザベス朝のシェイクスピアが記した〈花〉がベースになって近代の〈花〉言葉が出来てきた。

先に触れたエデンの園のアダムとイブは善悪の木の実を食べたとされているが、西アジアにリンゴはなかったという説もあり、これがリンゴかどうかはわからないという議論もある。いずれにせよこの聖書の物語から、リンゴは「誘惑する」という意味を宿すことになった。

ハトがオリーブの木の枝を口にくわえて飛んでいる平和のシンボルがあり、オリンピックなどの競技会でも開会式によく飛ばされるが、その典拠も旧約聖書にある。ハトが箱舟のノ

ボッティチェリ《ばら園の聖母》
(ウフィツィ美術館蔵)

アのところへ戻ってきたときにオリーブの枝をくわえていたという神話から、オリーブは平和・和解の象徴である。旧約聖書創世記に「それから七日待って再びはとを箱舟から放った。はとは夕方になって彼のもとに帰ってきた。見ると、そのくちばしには、オリーブの若葉があった。ノアは地から水がひいたのを知った。」とある。

しかし、中世のキリスト教社会では、「ばら」がなんといっても一番象徴的な意味合いをもつ花であった。日本各地に結婚式場として西欧風のチャペルが建てられているが、その庭はたいていがばら園である。

まずは赤い「ばら」、キリストの受難、磔刑の十字架で流す赤い血の象徴である。やがて中世になると受難・殉教の血から神の愛のシンボルへと変わっていく。それが、ボッティチェリの《ばら園の聖母》(一四六八年頃)。聖母マリアとイエスの後ろに咲いているのが「ばら」で、神の愛のシンボルとしての意味を加えている。

次いで「ゆり」。「白ゆり」は中世に聖母の象徴としての意味を整えていく。旧約聖書の雅歌二―一に「わたしはシャロンのばら、谷のゆりです。」なる言葉があるが、純潔、純真、処女性の表象である。女性の処女性が大切にされたのは西欧キリスト教社会であり、東アジアでは処女性は西欧ほどの文化的意味を持っていない。これは、マリアが処女のまま受胎してイエスを産んだという神話に依拠している。

合理的というワナ

近年、ゆりの花は、たいてい花粉を取り除いて飾られるようになった。褐色の花粉がなくなると色と形が頼りなくなるのだが、それでも服に花粉がつくと落ちにくく、人に迷惑をかけないために取り去るのだと考えられている。だが、真の意味は、もっと深いところにある。キリスト教では儀式のときの「ゆり」はおしべ・めしべをきれいに掃除する。なぜなら、受精してはいけないから、マリアのように処女で懐胎しないといけないからである。日本では花粉が付くと取れないからと合理的に解しているが、その発生はキリスト教的な、もっと文化的なところから来ている。

おおよそこのように近年の合理的であるかのような理由説明は、概して誤解であることが多い。すべて人間が行う行動スタイルは、合理性ではなく、歴史的文化的に決まってくるからである。

余談をいえば、寿司屋や板前に女性はほとんどいない。その理由は女性のほうが体温が高いからという説が広まっている。しかし実際はそうではなくて、似合わないからである。刀や包丁を持つのは男に似合い女性に似合わない――ここに由来する。近年は、もっともらしい理由をつけるが、歴史的、文化的ではない理由づけはほとんど事実ではないと疑ってかかったほうがよい。

〈花〉言葉の起源

「ひなぎく」の花言葉は神の正義。これは、中世カンタベリー大司教の聖アウグスティヌスが、街で見かけた「ひなぎく」の放射状の花弁の形を神の正義に喩えたという話に由来をもつという。神の正義はあまねく四方八方に広がるという意味合いで、「ひなぎく」を非常に大事な〈花〉とした。

そして、ルネサンス期エリザベス朝になると、ノットガーデンという花壇と噴水がある庭壇ができる。中に「つた」や「ばら」を飾り立てた結び飾り花壇を造り、「すみれ」や「水仙」や「ヒヤシンス」や「パンジー」や「ばら」、そういう〈花〉が年中咲き乱れるような庭を造っていく。そのような〈花〉と人間の関係が生れていった。植物を観察することが生じ、植物誌も編まれていった。やがてシェイクスピアの「ハムレット」などに出てくる〈花〉と〈花〉にまつわる言葉が登場する。それが西欧近代の〈花〉言葉の土台になった。「ハムレット」第四幕・第五場に「これは雛菊。あなたにはすみれを上げたいのだけど、お父さまが亡くなって、みなしぼんでしまったわ」とある。青い「すみれ」は「誠実、愛」で、紫の「すみれ」は「早春、移ろいやすい愛、青年の愛」、白は「無垢、はにかみ」。第三幕・第一場に「あのたぐいもない青春の花のお姿も、狂乱のあらしに枯れはててしまった」というセリフの「青春の花」は「ばら」になぞらえられている。それは花の精華、一頭ぬきんでた〈花〉である。ビーナスの美やマリアやイエスの愛の象徴としてばらが使われている。他方、「らん」は東アジアでは四君子の一。日本では無条件にこれを「美しい」とする。だが、ところ変われば意味も変わるもので、西欧では「死人の指」という意味ももつ。同じく「ハムレット」に「清らかな乙女は死人の指と呼んでいる蘭を合わせてね」とあるからだ。

中世のキリスト教社会における〈花〉の象徴の歴史をふまえて、さらに、近代の〈花〉言葉ができる。この近代の〈花〉言葉の創始者がフランス系のアメリカ人、ラトゥール（Charlotte de Latour）により一八一九年に著された『花ことば』（*Le Langage des Fleurs*）が、現在の〈花〉言葉の始まりと考えられている。その後、それはフランスからイギリスに渡り、一八二五年にフィリップス（Henry Phillips）の『フローラの紋章』（*Floral Emblems*）、アメリカではヴァート（Elizabeth Gable Wirt）の『フローラの辞典』（*Flora's Dictionary*）として拡がる。もちろん他国にも展開するが、フランス、イギリス、アメリカを中心にこの「〈花〉言葉」の本が出版されていった。

これが現在の西欧式の〈花〉言葉の始源と展開である。〈花〉言葉はそれぞれの国でどう展開していったかを、樋口康夫が『花ことば——起源と歴史を探る』で整理した表をみてみよう。第一はフランスで刊行された〈花〉言葉の本、一八一〇年、デラシェネの『花のアルファベット』から一八〇〇年代の半ばザッコンの『新しい花ことば』まで。第二がイギリスで刊行された〈花〉言葉の本、一八二五年、フィリップスの『フローラの紋章』から一八八四年、グリーナウェイの『花ことば』。そして第三が一八二九年のヴァート『フローラの辞典』に始まり一八五三年までにアメリカで刊行された花言葉の本である。一種の熱病のように〈花〉と言葉との関係の本を次々と出版する時代は一八〇〇年代の初めから末くらいまでであった。これが現在の〈花〉言葉の根元を作っている。

これを見てもわかるように、西欧の本でも〈花〉言葉は必ずしも同一ではなく、似ているものも、全く違うものもある。このように決して決定的なものでないのが〈花〉言葉である。

フランスで刊行された花言葉の本

著者または出版社	書　名（出版年）
デラシェネ	花のアルファベット（1810）
ルイ・ジャネ社	花占い（1817）
デル	花占い（1817）
モレヴォ	花々（1818）
ルコ	花の紋章《エンブレム》（1819）
ラトゥール	花ことば（1819）
シャムベ	花の紋章《エンブレム》（1825）
ルヌボー	花の象徴の新マニュアル（1837）
フルーリ・シェヴァン社	フローラのアルファベット（1837頃）
フルーリ・シェヴァン社	花の王冠（1837）
エメ-マルタン（出版地ベルギー）	新しい花ことば（1839）
ジャックマール	御婦人方の花々（1841）
メッシール	教訓的花ことば（1845）
ドロール（グランヴィル画）	花の幻想（1847）
ザッコン	新しい花ことば（1855）

（樋口康夫『花ことば――起源と歴史を探る』より）

イギリスで刊行された花言葉の本

著　者	書　名（出版年）
フィリップス	フローラの紋章《エンブレム》（1825）
ショーベル	花ことば（1834）
マールヤット	フローラの電信《テレグラフ》（1836）
タイアス	花の気持（1836）
ヘンスロー	想い出の花束《ブーケ》（1841）
エスリング	フローラ小辞典（1841）
アダムス	花の教訓、ことば、そして詩（1844）
タイアス	花ことばと感情のハンドブック（1845）
ミラー	詩の花ことば（1847）
タイアス	花ことば（1869）
イングラム	花の象徴（1869）
ワード	花ことばと詩（1875）
グリーナウェイ	花ことば（1884）

（同前より）

アメリカで刊行された花言葉の本

著　者	書　名（出版年）
ヴァート	フローラの辞典（1829）
ヘイル	フローラの解説者（1832）
フーパー	花と詩の婦人読本（1841）
オズグッド	花の詩、および詩の花（1841）
メイヨ	花瓶（1844）
グリフィン	フローラの酒杯からの甘露（1845）
メイヨ	花うらない（1846）
カートランド夫人	花の詩集（出版年不明）
オズグッド	花の捧げもの（1847）
ヘイル	フローラの解説者および花占い（1848）
デュモント	花の捧げもの（1851）
グリーンウッド	田園の花輪（1853）

（同前より）

日本の〈花〉言葉

西欧の「〈花〉言葉」が聖書の物語やシェイクスピアの文学などの古典に典拠するように、日本の「〈花〉言葉」もまた古典文字とともに生れ、育てられ、根づいてきた。

しかしここでの「〈花〉言葉」は、個別の花の象徴性にとどまるものではなかった。〈花〉そのものが構造的に多元的な意味を重ね、合わせて、日本文化の中枢に居坐わり、このことによって、多くの言葉と意味とをその周囲にまきこんだ選ばれた言葉となった。日本の「〈花〉言葉」は西欧のそれとは別次元のものへと展開したのである。その一端を示せば、日本語では、女も雨も涙も〈花〉の一種と化している。

ここで、日本の〈花〉言葉はどういうふうに展

西洋の花言葉対照表

植物名	ラトゥール（仏，1819年）	デラシュネ（仏，1810年）	ショーベル（英，1834年）	フィリップス（英，1825年）	ヴァート（米，1829年）
アカシア	プラトニックな愛	神秘	友情	貞節な愛	上品さ
アーモンド	不注意	不謹慎	不思慮	不注意	希望
アロエ	悲しみ	植物学	悲嘆	深い悲しみ，苦悩	宗教的迷信
アマリリス	不死	男たらし	誇り	誇り	素晴しい美しさ
バジル	憎しみ	勇気	嫌悪	憎しみ	祝福
ブナ	繁栄	反逆	繁栄	豪壮	—
バターカップ	忘恩	善意	忘恩	子供っぽさ，忘恩	富
スイセン	—	—	自己愛	欺きに満ちた希望	騎士道
タンポポ	神託	あなたは時間を無駄にしている	田舎の神託	神託	あだっぽさ
アマ	私はあなたの美質を感じます	素朴さ	私はあなたの親切を感じます	運命	—
ジギタリス	健全さ	—	—	青春	願い
タチアオイ	豊穣	家族の母	先見の明	先見の明	私は忘れられたの？
スイカズラ	愛のしがらみ	愛のしがらみ	気前の良い献身的な愛情	愛の絆	急いで応えたくありません
ヒヤシンス	ゲーム、善意	愛、後悔／あなたの愛は私に死を与える	ゲーム、遊び	遊びないしゲーム	嫉妬
リラ	愛の始めの感情	愛の始めの感情	愛の始めの感情	捨てられた	愛の始めの感情
ハス	雄弁	—	雄弁	沈黙	疎遠になった愛
アサガオ	あだっぽさ	あだっぽさ	—	夜ないし消えた希望	おせっかい屋
イラクサ	残酷さ	しらふ	残酷さ	残酷さ	中傷
オーク	もてなし	愛国心ないし強さ、保護	もてなし	もてなし	勇気
パンジー	—	私はあなたと同じ気持ちです	私のことを思って下さい	物思い／私の心はあなたのことで一杯です	—
パセリ	ご馳走	—	祝宴	ご馳走ないし宴会	有益な知識
ザクロ	愚行	完璧な友情	—	愚かさ，ないし素朴さの成熟と終焉	—
サクラソウ	青春初期	希望、最初の花	子供時代	青年早期	—
バラ	美しさ	移ろいやすい美しさ	愛	美しさ	美しさ
ローズマリー	あなたがいると生き生きします	信仰	あなたがいると生き生きします	信頼	思い出
イチゴ	完璧な善意	芳香	完全性	完璧な善	—
ビジョナデシコ	敏感さ	才能	品のよさ	たくらみ	品のよさ
イバラ	厳しさ	批評	不機嫌さ	懇願，侵入	人間嫌い
バーベナ	魔力	冗談	魔力	迷信	感受性
シダレヤナギ	憂鬱	辛い悲しみ	嘆き	憂鬱，ないし捨てられた恋人	捨てられた

（同前より）

開していったかを考えてみる。すでに述べたように、第一にひらがな成立以前の万葉仮名時代は、大陸の影響を色濃く帯びながらも、弧島のお国嗜好も含んだ、萩、梅、橘、葦が大いに注目された。第二にひらがなが成立すると、『古今和歌集』の桜、紅葉、梅、女郎花が嗜好された。第三に『新古今和歌集』の時代になると、大陸からの再影響で松が加わり桜、松、紅葉、梅嗜好へと展開した。そして第四に、ひらがな文学の時代には、〈花〉の歴史に四季のみならず性愛の意識が重層することについても触れておく必要があるだろう。さらにこれに加えて、第五に近代、現代の流行歌も、この〈花〉＝四季と性愛の詩学、美学を色濃くとどめていることを指摘しておこう。

日本の歴史は、九〇〇年頃のひらがなとそれを象徴する『古今和歌集』の成立で文化的に一変する。西欧の場合は〈花〉言葉の歴史を見てきてもわかるように、一八〇〇年代で変わる。それまでは宗教的、神話的な象徴であった〈花〉言葉が、ルネサンスを経て近代に入ると、個人の恋愛の問題と化す。神と人間の愛をモデルにし、語られてきた〈花〉言葉が、人間同士の愛、男と女の愛、恋愛、性愛の象徴に変わっていったのである。

一方、日本を含めた東アジアの歴史はどこで変わるか。決定的に変わるのは六五〇年、ここで東アジア史の歴史は政治一辺倒の前史と生活的なる営みが認知されるに至った後史に分かれる。この歴史的転換は、書では楷書体の完璧なる誕生として目に見える姿で確認される。楷書は、文字を書くことが文字を刻ることを吸収し、また石に刻ることを紙に書くことが吸収した書体である。これは人間的なる書くスタイル（横画が右に上がりのベクトルになることと省略体を許容すること）が政治的なる刻るスタイル（横画水平、非省略体）を吸収したシンボルでもある。

さらに、日本史はひらがなが出来た九〇〇年頃に大きく変わる。万葉仮名が出来たとはいえ、この文字が漢字である以上いまだ疑似中国的な国家でありつづけていた。その中からひらがなを作り、疑似中国的な文化を抜けて、四季を愛で、恋愛を歌いあげる――こういう表現領域を広げた。このひらがなが出来たときから、四季と性愛の表現がとても分厚くなっていく。『万葉集』の時代には「萩」「梅」「橘」「葦」がよく歌われたが、ひらがなの歌集『古今和歌集』ができると「桜」そして「黄葉」ならぬ「紅葉」が登場する。「梅」は中国由来の花。さらに「女郎花＝をみなへし」＝女の花もまた。春の「桜」と秋の「紅葉」。『古今和歌集』になると圧倒的に恋の歌が多くなる。すでに述べたように、その歌は四季の歌といいながらその実、ほとんど恋の歌であり、恋の歌といいながら、実際には四季の歌でもあった。ひらがな歌＝和歌――四季の恋歌、恋の四季歌の誕生である。時代がもう少し下って一〇〇

○年近くになり、『新古今和歌集』になると、「桜」に「松」が加わり、「紅葉」「梅」も再登場する。このような四季の歌の表現が日本人の嗜好性を決定した。それを象徴するのが道元が詠んだ「春は花　夏ほととぎす　秋は月　冬雪さえて　すゞしかりけり」の歌である。川端康成は「美しい日本の私」と題するノーベル賞受賞の記念講演をこの歌から始め、「『雪、月、花』といふ四季の移りの折り折りの美を現はす言葉は、日本においては山川草木、森羅萬象、自然のすべて、そして人間感情をも含めての、美を現はす言葉とするのが伝統なのであります」と紹介している。これはただ単に四季を歌っているわけではなく、人の恋愛が自然の四季に相当し、呼応するという関係が隠れている。道元の「春は花……」の〈花〉は桜、桜は性のシンボルである。

「夏ほととぎす……」ここに鳥が出てくる。男が女の寝屋に飛んできて一夜を共にし、朝になると帰って行く。「若いツバメ」という言い方があるが、「若いツバメ」は「男」、若い男がやってくるのである。これが雁であったり、鳥獣、虫であったりもする。森進一が歌った艶歌「花と蝶」に「花が女か　男が蝶か　蝶のくちづけうけながら　花が散るとき　蝶が死ぬ　そんな恋する女になりたい」という歌詞があるが、ここでの「蝶」は男である。「花が女か」——その通りで〈花〉は女である。花は女を象徴している。蝶といえば、夜の蝶という場合は女を指すが、蝶、虫、鳥は基本的に通ってくる男を象徴する。

また、道元の歌の「秋は月」は、なぜ月か。「月」とは何か。月には十三夜、十五夜、十六夜があり、次に立待、居待、寝待の月がある。十五夜の次の十六夜はちょっとだけ外にいざり出る、それで十六夜《いざよい》。次の日はもうすぐ出るだろうと立って待つ、立ち待ち。その次の居は座るという意味で座って待つ。そして、寝待。何を待っているかといえば月の出を待っている。本当は月を待つだけではなくて、早くやってきてほしいと男を待っているのである。このように、月もまた恋愛と深いかかわりがある。

月見ればちぢに物こそ悲しけれ我が身ひとつの秋にはあらねど (193)

(月を見ると、心が千々に乱れるほど悲しく思われる。私のためにだけやってくる秋ではないのだけれども。)

そして、「冬雪さえて　すゞしかりけり」。道元は、「すゞしかりけり」と言うが、中には雪を踏み分けて通ってくる男もあろうが、たいていは春になって暖かくなり雪がとけるまで会えない。春になるとやって来てくれると期待して、春を待つ心が『古今和歌集』冒頭で歌われている。『古今和歌集』の歌は、四季を歌っているだけではなく、男を待ち、女を思う歌なのである。

冬ながら空より花の散り来るは雲のあなたは春にやあるらむ（330）
（冬だというのに空から花のように雪が舞い落ちているのは、あの雲の彼方には春が来ているからだろうか。）

契りの夜、別れの朝

平安時代の和歌において、四季と恋愛の間ののっぴきならない関係をずばりと指摘し、一冊の著作として発表したのは、ブルガリア生れの日本文学者ツベタナ・クリステワの『涙の詩学』（名古屋大学出版会）である。『古今和歌集』の言葉の広がりで、核となる語を「涙」であると指摘する。涙を流し、露がこぼれる。そして涙で袖が濡れる。また、「衣手」「下紐」などはそのものずばり男と女の関係を示している。「枕」「夢」「足」「手」「胸」「目」「命」「別れ」も同様である。

そして、「秋」は飽きて、もう来なくなる、その「飽き」でもある。つづいて「空」「夕暮れ」「宵」。「宵」というのは、男を待つ、男と女が出会う夜、逢瀬を重ねる夜である。では

「朝」はというと、その逢瀬が終った別れの朝のことである。朝には、「暁」があり「東雲」がある。そして「恋ひ死ぬ」「思ふ」「逢ふ」「見る」「ながむ」「泣く」「音聞く」「来る」「通ふ」「絶ゆ」「待つ」「燃ゆ」「移ろう」「散る」「乱る」「しのぶ」「うらむ」「消ゆ」「飽く」などの恋歌の中に出てくる一連の言葉は、一見、四季について、花について歌っているようであるが、その〈花〉は女であり、「鳥」や「虫」や「蟹」は男である。「月」も「夜」も「朝」も日々めぐり来るその月、夜、朝を歌っているわけではない。その証拠に、「太陽」や「お日様」——真っ昼間の太陽は古今和歌にはほとんど出てこない。なぜ「夜」を待ち、「月」をなぜ大事に思うのか。

一九三〇年代、渡辺はま子が歌った流行歌、最上洋作詞の「忘れちゃいやよ」の歌詞に「月が鏡で　あったなら　恋しあなたの　面影を　夜毎うつして　見ようもの」とあったが、月を見ながら来ない人、遠くのいとしい人を思う、いとしい人を待つ、そういう「月」なのである。

艶歌と古今和歌

現代の歌謡曲は『古今和歌集』を踏まえたその延長線上にあり、古今的な、ひらがな歌の伝統は今も生きている。たとえば、最近の桑田佳祐の歌でさえ伝統をふまえた歌詞である。例えば、二〇〇七年「明日晴れるかな」。

熱い涙や恋の叫びも
輝ける日はどこへ消えたの？
明日《あす》もあてなき道を彷徨うなら
これ以上元には戻れない
（中略）
今は汚れた街の片隅にいて
あの頃の空を想うたびに

神より賜えし孤独やトラブル
泣きたい時は泣きなよ
これが運命《さだめ》でしょうか？
あきらめようか？

季節は巡る魔法のように

（傍点引用者、以下同）

「熱い涙や恋の叫びも」——なぜ歌の冒頭いきなり、「熱い涙」が出てくるのか。なぜ「涙」で始まらなければならないのか。日本語人は聞き流しがちだが、これは不思議な歌詞のはじまり方である。「あの頃の空を想うたびに」——「空」も「月」と同じく恋人を想うことだ。そして「泣きたい時は泣きなよ」ここにも泣くこと、涙が登場する。

さらに例をあげればコブクロの歌、二〇〇七年「蕾《つぼみ》」。

涙　こぼしても　汗にまみれた笑顔の中じゃ
誰も気付いてはくれない
だから　あなたの涙を僕は知らない

表題の「蕾」自体がすでに〈花〉の比喩であり、〈花〉の象徴からできあがっている歌である。ここでもいきなり涙をこぼす。

次に、浜崎あゆみ「ＨＡＮＡＢＩ」。

涙がこぼれ落ちないように
滲んだ空を見上げているよ
（中略）
泣けない弱い心も
泣かない強さもいらない
（中略）
夜明けがもう早すぎて
見付けられずにいるよ

なぜ「花」と「火」「ＨＡＮＡＢＩ」という題の歌で、涙が冒頭に出てくるのか。日本語をはみでるようなローマ字の題名、新しそうなふりはしていても、実のところは『古今和歌集』から来る美意識を抜けてはいないのではないだろうか。

さらに、桑田佳祐「波乗りジョニー」。

「出逢い」と「別れ」のたびに
二度と恋に落ちないと
誓う孤独の太陽が　涙で滲む
夢を叶えてくれよと
星に願いを込めた日も
二人の海に夜明けは来ないと
君は気付いてた

「夜明けは来ない」の夜明けは、逆境からの人生の夜明けではなくて、男と女の一夜を背後にかくし持った別れの朝。そう思って、現在の歌の歌詞を辿ってみると、いかに古今和歌に始まる、〈花〉と四季、四季と性、性と涙などひらがな語的な意識が根強く定着しているかがわかる。

さらに、もう少し時代を遡ればそこでは、流行り歌の多くが「涙」を歌っている。「雨」が「涙」に続く「涙雨」なる句があるように、雨は涙の比喩。これも同じく『古今和歌集』の和歌の伝統である。

例えば、石原裕次郎が歌った山口洋子作詞の「北の旅人」。

たどりついたら　岬のはずれ
赤い灯が点く　ぽつりとひとつ
いまでもあなたを　待ってると
いとしいおまえの　呼ぶ声が
俺の背中で　潮風《かぜ》になる
夜の釧路は　雨になるだろう

ふるい酒場で　噂をきいた
窓のむこうは　木枯まじり
半年まえまで　居たという
泣きぐせ　酒ぐせ　泪ぐせ
どこへ去ったか　細い影
夜の函館　霧がつらすぎる

空でちぎれる　あの汽笛さえ
泣いて別れる　さい果て港
いちどはこの手に　抱きしめて
泣かせてやりたい　思いきり
消えぬ面影　たずねびと
夜の小樽は　雪が肩に舞う

なぜ夜の釧路は雨になるのか。「霧がつらすぎる」――「霧」や「霞」も「雪」も「雨」と同じく景色を滲ませる。「泣かせてやりたい　思いきり」、なぜ泣かせるのか。「雨」「霧」「消えぬ面影　たずねびと／夜の小樽は」――生活の声、物音の響く昼の小樽ではなく、夜の小樽。「雪が肩に舞う」。「雪」もまた雨、すなわち涙の比喩である。
そして、内山田洋とクールファイブ、前川清が歌った「長崎は今日も雨だった」。

頬にこぼれる　なみだの雨に
命も恋も　捨てたのに

こころ　こころ乱れて
飲んで　飲んで酔いしれる
酒に恨みは　ないものを
ああ　長崎は　今日も雨だった

そんなに雨ばかり降る訳じゃないと長崎市民はこの歌にクレームをつけたとも聞くが、日本の詩学、美学を求めると多くが「雨」になる。「雨」は「涙雨」である。「酒は涙か溜息か」という歌詞もあるように「酒」までもが「涙」の比喩になる。そこで「酒と泪と男と女」という歌もつくられる。

もうひとつは、少し前までの歌には「手紙」、愛しい人のもとに届ける「恋文」が出てくる。八代亜紀が歌った池田充夫作詞の「愛の終着駅」。

寒い夜汽車で　膝をたてながら
書いたあなたの　この手紙
文字のみだれは　線路の軋み

愛の迷いじゃ　ないですか
よめばその先　気になるの

そして、都はるみが歌った阿久悠作詞の「北の宿から」。

吹雪まじりに汽車の音
すすり泣くよに聞こえます
お酒ならべてただひとり
涙唄など歌います
女ごころの　未練でしょう
あなた恋しい　北の宿

あなた死んでもいいですか
胸がしんしん泣いてます
窓にうつして寝化粧を

しても心は晴れません
女ごころの　未練でしょう
あなた恋しい　北の宿

この歌詞の中で「恋」と「死ぬ」が——本当に死ぬわけではないが——、象徴的につながっている。「吹雪まじりに汽車の音／すすり泣くよに聞こえます」（涙にかすむ）、吹雪の中で汽車の音がすすり泣いている。「お酒ならべてただひとり」、涙の「酒」である。そして「涙唄など歌います」。また「あなた死んでもいいですか」、ここで「死」と「恋」が象徴的に結びつく。たとえば『古今和歌集』の次の歌

よしのか《可》はいは《者》きり《利》とほ《保》しゆく水のおとにはた《者》て《多》し《弖》こひはしぬとも（492）

吉野川の岩をきりとおすかのように激しく流れてゆく水のようには音を立てないで（濁点ありのおとにはたてじとよめば）あるいは音に立てて（清音おとにはたてしと解釈して）でも恋を貫こう。たとえ恋死することがあったとしても。

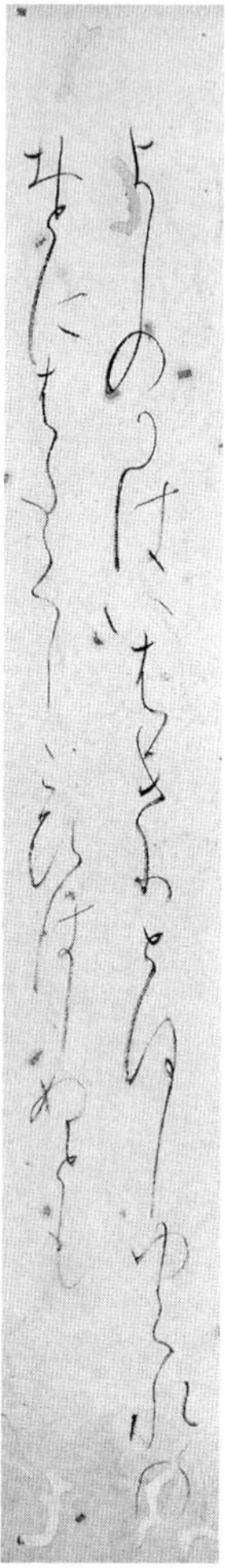

古今和歌集（492）
（『元永本古今集〈下〉一』より）

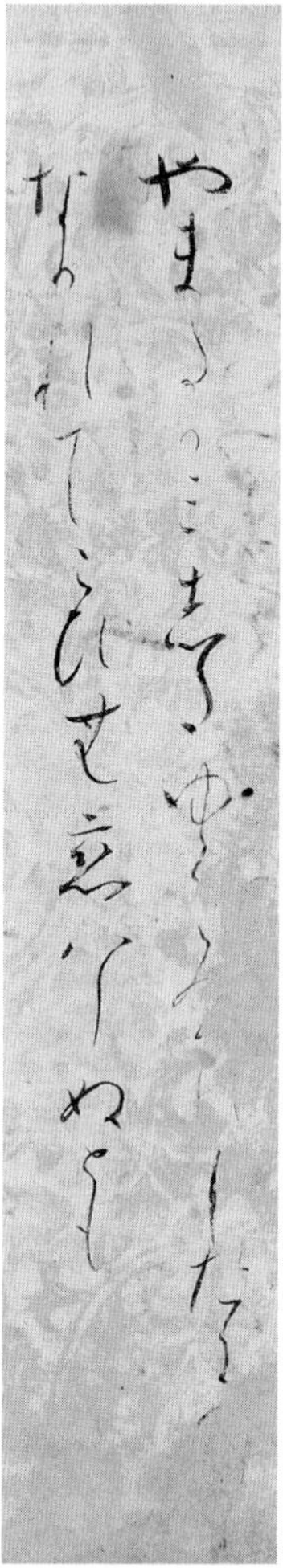

古今和歌集（494）
（同前より）

やまた《多》か《可》み《三》し《志》た《多》ゆくみつのしたに《尓》のみなか《可》れてこひむ《無》恋は《八》しぬとも（494）

高貴なあの人だから、目につくこともなく流れている水のように、ただ泣きつづけても恋しつづけましょう。たとえ恋い死にすることがあっても。「なかれて」は濁音「流れて」でありまた清音「泣かれて」。掛詞である。

「北の宿から」は万葉の歌「恋ひ死ぬ」に始まる伝統をふまえている。しかし、よく味わってみると、具体的な意味があるわけではない。意味はないが『万葉集』とりわけ『古今和歌集』の時代からずっと伝わってきているひとつの詩的象徴的な意味合いのフレーズ「恋死」に、日本人は同化する。おそらく外国人は同化しないから、いきなり涙が出て来てなぜ日本人はそんなに泣くのか、なぜ恋しているのに死ぬのかと疑念を抱くことになる。

なぜ「北」に向かうのか

蛇足だが、「北の宿から」はなぜ「北」なのか。流行歌に出てくる方位の多くは「北」である。「北帰行」はあっても「南帰行」はない。「北へ帰ろう」とは言っても「南へ帰ろう」とは言わない。「キタ」の二音と「ミナミ」の三音のちがいのせいでもない。二音の「西に帰ろう」と言わないからだ。東北や北海道など北から南の東京へ人が来ているだけではなく、九州、四国、沖縄など西南から来ている人もたくさんいるはずである。それなのに、「南帰行」はない。なぜか。それは地図では上部が北の方位を意味するから。北は上。北へ帰ろうというのは向上、つまり捲土重来を期す、という意味をかくしている。もう一度地図上の上である北へ戻って、やり直すという意味合いを込めている。「南へ帰ろう」では地図上は下に落ちていくことになる。南の方向は、「落ちよ、生きよ」というメッセージと化す。

このように歌謡曲は、「涙」「雨」「酒」「霧」「袖」「夜」「春」「花」「鳥」「月」「秋（飽き）」「待つ」そして「文」の言葉のように裏面に男女の性愛の意味を内包させた極めて単純な構造から出来ている。そういう意味で近年の流行歌も日本の文化的な歴史、精神史と深い関係があることがわかる。一見関連がとぼしいような古典と現在。われわれが今生きていることと古典はこのように関わりあっている。今、カラオケで歌われている歌にはこのような古典との関係を解かなければ見えてこない意味がたくさんあるといえるのである。

第六章　〈花〉に見る日本人の自己愛

クール・ジャパンという自己愛

言葉としての日本語の〈花〉がどういう構造をもっているかという原点に返り、まとめとしたい。

意外に思われるかもしれないが、今一番強調したいのは、日本語や日本語文法というものはないという事実である。英語があり、フランス語があり、ドイツ語があり、アラビア語があるというように、日本語があると考えるのは、言葉がもっぱら声で成り立っているという西欧言語学モデルの誤れる発想である。文字が言語に深く関与する東アジアにおいては、漢字語＝漢語が東アジア漢字文明圏（中国、日本、韓国・朝鮮、越南《ベトナム》）にまたがる共通言語である。政治・宗教・哲学の表現においては、発声（音）が違っても意味は同じと言っていい言語帯である。この言語地帯では文字の違いが、言語の違いを形成する。したがって日本語は、漢字・漢語とその文法・文体と、ひらがな語とその文法・文体、そして不完全ではあるがカタカナ語とその文法・文体の三つからなる。これら漢字語とひらがな語とカタカナ語という三つが混在した言語をひとまとめに日本語と呼んでいる。現在世界や日本で起こっていることを考えていく上で、これは、これまでの通念を覆す上で、もっとも手がかりになる切り口である。この日本語の現実を見失っていることから、日本（語）人は文化について見当違いの判断をしがちである。

国立大学から教育と人文学を追放せよとでもいうかのごとき、文部科学大臣のあきれた通達。三つの言語の混合体である日本語においては、教育、人文学こそが中心的学問であることは明白であるにもかかわらず。

またたとえば、昨今盛んに取り上げられるクール・ジャパン。マンガやアニメ、和食や和装などの文化が外国からは珍しがられ、人気だと日本では自賛しているが、このクール・ジャパンとは日本語の中のひらがな語とカタカナ語が、漢字語の歯止めを失って氾濫し、均衡の必要な日本語がコントロールを失って大きく傾いている脆い姿である。クール・ジャパンの中核とされるアニメ・漫画の分野はカタカナ語の表現であり、もうひとつは和つまりひらがな語の文化である。我々が食べるものが遺産であっては困るのだが、和食が文化遺産であると言われるときの「和」とはひらがな語の文化を指す。ひらがな語をコントロールすることによって、日本語を秩序だてる肝心の漢字語が非常に衰弱して、ひらがな語とカタカナ語が跋扈している。その文化の姿がクール・ジャパン現象にほかならない。その意味でクール・ジャパン現象なる流行はもっと内省的に受けとめる必要がある。

カタカナ語、ひらがな語、漢字語で考える

三つの言語の混合体からなる日本語においては、〈花〉も、カタカナ語の「ハナ」とひらがな語の「はな」と漢字語の「花」という三つの混合体からできている。

三つの〈花〉が合体しあるいは棲み分けるという構造で日本語の〈花〉は成立している。

まずカタカナ語の「ハナ」を手がかりに発音に込められた意識と意味を考えていく。「ハナ」は発音記号で書けば［hana］。もしもこの発音が大陸の「華」の音とは無縁に弧島において自立的に原発したものであるとすれば、ha-na という発声、発音が「華」の字の指示する意味にふさわしいがゆえにこれに収斂定着したと考えられる。もしくは、使いつづけられるうちに、指示する意味となじみ合った音へと誘導され固定化されていったと考えてよい。文字の形象がそうであるように、音もまた指示する意味と無縁の恣意的なものではなく、一次的にはしかるべき音として安定すると考えられる。

ha はハーハーと息を吐く音。口を大きく開けて息を吐いて遠くまで声を届かせる意味合いをもつ［h:］。［h:］で遠くに届かせてその先に［na］。なまえの［na］、なにかの［na］、つまり、［n］でいったん止める、切る。これに、口を大きくあける母音［a］がくっつく。［hana］には遠くへ届かせた先に何かが存在するという発声上の意味が隠れている。

長崎鼻・高崎鼻・天狗鼻などの地図

ひらがな語の「はな」はその意味をはっきり表している。「はな」というのは「はなから相手にしない」、「寝入りばな」の端《はな》である。またはじまり、最初を意味する「初《しょ》っ端《ぱな》」のそれでもある。「はな」の一つの意味は「端」「先端」のことである。

この「はな」のほかにも大事な「はな」がある。それは「鼻」。これは顔の中から飛び出ていて遠く離れたところにある部位。人間の存在とスタイルを象徴する非常に重要な場所として顔の中心で突き出した先端である。この「鼻」はいろいろ重要な役割をもつ。鼻を使う言葉には「鼻をあかす」「鼻っ柱が強い」「鼻に掛ける」「鼻につく」「鼻高々」というのがある。

突出したあるいは尖頂というこの意味合いは顔だけではなく、地勢的な地名にもみられる。たとえば鹿児島県の薩摩半島の先にある「長崎鼻《ながさきばな》」。この「鼻」は地理的な「鼻」。「鼻」は「先」である。「先」というのはずっと行った前の方、先端である。日本には○○鼻という地名があちこちにある。長崎鼻以外にも、同じく薩摩半島には高崎鼻や天狗鼻という「鼻」がある。また大隅半島の方には佐多岬《さたみさき》もある。「先」に敬語を付けていて「御先《みさき》」、それが「岬」。先の方というのは古代的な観念から言うと神が宿るところ。「先」に敬語を付けて「御先」とし、それに漢字を充てて「岬」としたのである。「崎」もむろん先の方。「鼻」も先の方。「岬」も先の方である。北海道には、根室半島に「花咲岬」がある。漢字で書くと花の咲く岬だから別段気にならないが、ひらがな語では「はな さき みさき」。花は先のほうの端《はな》、咲《さき》は先、それに加えて岬《みさき》＝御先《みさき》。「ハナサキミサキ」の意味は人が足を踏み入れるのも困難な先の先のそのまた先。もしも漢字がなかったらこういう花の咲き乱れるイメージを彷彿とすることはなかったであろう。

このように、「ハナ」という音は「先にあるもの」を意味している。

「離」「放」「話」に通じる「はな」

また、日本語の〈花（花・はな・ハナ）〉にはフラワー（flower）だけでは済まない意味がある。〈花〉は、ひらがな語では「はな」であり、「離れる」「遠くへ」という意味を盛る。さらに「離れる」ことから「遠ざかる」「別れる」「逃げる」「関係が無くなる」「別々になる」という意味へのひろがりももつ。一緒にいたものが別々になること、それが離れるということだ。次に、「放《はな》す」。これもほとんど同じ意味であるが、漢字に当てはめることによって違う意味合いがはっきりと区別されるようになる。イヌを庭に「放す」、「自由にしてやる」、「解放してやる」、「距離を置く」、「間を開ける」、遠くへという意味だ。また人間が抱く意識を自分の身から遠くへ放してやる。それが声になって離れていく、それが「話（放し）」である。

身振り手振りで自分の意識を遠くへ「話（放）す」。話芸や声楽にとどまらず、ダンスや舞踊、舞踏もそうである。踊るのは「書」くとは違う表現の「話（放）す」表現に属する。道具を持ってではなく自分の身体を用いて直接に意識を放していく、これが「話す」ことである。「話す」というと「声で話す」と狭く考えているが、いろいろな放す表現が合流して成立している。人間が話すときは、人間の意識が必ず身振りや手振り、顔の表情、口の形などが加わり、言葉へと出来上がっていく。そのプロセスの全体に表現が隠れている。その証拠に嘘をついたときも、注意深く見聴きしていればその言葉の使い方や声の出し方、間合い、顔の表情からわかる。そういう全体的表現が「話す」ということである。全体的な表現の中から声だけを切りとってそれを活字に置き換えたところで表現された言葉がわかるというものではない。

このようにひらがなの「はな〔花〕」は「離」「放」「話」の拡がりももっている。

「華」から〈花〉へ

ひらがな語とは別の起源の漢字語の「花」がある。これはもともと「華」。華々しいの「華」である。この象形文字は、先のほうに輝ける存在をのせている形を象徴して生れた。今使っている「花」の字は北魏の時代、西暦四〇〇年代ころに「華」の略字として登場したものだ。それ以前にはもっぱら「華」の字が使われていた。この「花」の文字に日本人が出合って、この文字が指し示している「花」と弧島の［hana］の音とはほぼ同じ意味、イコールであるというふうに決めた。

実はこのとき、これが「花」の字でなくてもよかった。もう少し他の文字、例えば目立ち光っている意味を強調すれば、「栄」や「輝」あるいは花開いている意味に焦点をあてれば

日本　　　　中国

日本の花と中国の花の違い

「咲」の字に［hana］の音を当ててもよかった。そして弧島の地方の音［hana］に「花」の文字が選ばれたとき、この［hana］の音をもつ「花《はな》」はその音にまといつく意味や像をひきつれることによって、もはや中国の「花《ファ》」にはとどまらなくなった。その後ひらがなの文字が生れ、書かれた「はな」が生れた。ひらがなができたときに「花」はひらがな語の「はな」にもなった。ひらがな語の「はな（花）」になった後は、「端」「鼻」「放」「話」の意味合いもそしてむろん、「華」も含み込んだ〈花〉になったのである。

ここが一番大事なところだが、それまで、「ファ」という音で示されていた中国的な「花」が、ひらがなができて、ひらがなで「はな」とも書かれるようになったとき、端の方の意味合い、向こうに放してやること、離れていくこと、さらには話すことも含めた概念をもつ日本特有の〈花（花・はな・ハナ）〉という語ができあがったのである。同じ「花」と書いていても、またそれがともに植物の花、フラワーを指していても、それだけにとどまらず、中国語とは違った含意が生じることになったのである。

中国の「花」は、仏前に左右対称に花を立てる「立華《りっか》」を指す。他方、日本の生け花は散らし書き風に何本も立てる。中国の「花」は一本がピンと屹立している。それは日本と中国の文化の違いだといわれる。それは中国の場合は「花」はひとつの意味で成り立っている「花《ファ》」であるからである。

ところが日本語では、中国語の植物の「華」を意味するにとどまらないひらがな語の「はな」の意味が含み込まれているから、〈花〉が違ったさまざまの形になる。

たとえば、次は藤あや子が歌った、たかたかし作詩の「花のワルツ」の歌詞。花を歌っているはずのものが、いつのまにやら涙の歌に変わっている。

一　夢で逢いたい抱かれたい
　　あなたの愛の　陽《ひ》だまりに
　　花よ　花　花　散らないで

この世に生きる不条理《かなしみ》に
おし流されてしまいそう
泣いちゃいけないよわ虫と
わたしの髪を　撫《な》でた人
雨よ　雨　雨　降らないで
こころに酒がしみる夜は
グラスが泣いてさみしがる

三　めぐり逢いたいしあわせに
おんなの涙　夢しずく
花よ　花　花　泣かないで
流れにうかぶ水草《みずくさ》も
ちいさな春を胸に抱く

西洋ではおそらくグラスは泣くことはないだろう。たぶん中国でも泣かないであろう。ところが日本ではグラスまで泣く。「花よ　花　花　泣かないで」――「涙花」なる歌語もあるように、日本の〈花〉は、咲くだけではなく、泣きもする。前章で述べたように、雨も酒も涙もしずくも夜も夢も、髪もおんなも春もいずれも密接に結びついた一種の〈花〉として存在している。

このような艶歌の歌詞を読んだり聞いたりすることに耐えがたい人も多かろう。だが、ここには、古今和歌以来の〈花〉、四季の景物であり性愛であるところの「〈花〉の詩学」が生きている。歌の一番は、「逢う」「抱かれる」「愛」「花」「散る」「生きる」「流れる」つまり二人の愛の夜の歌。二番は、別れを暗喩する歌詞「泣く」「髪」「撫でる」「雨」「酒」「夜」「泣く」。三番では「逢う」「おんな」「涙」「夢」「しずく」「花」「泣く」「流れ」「草」「春」「抱く」の再会を望む〈花〉である。この歌の歌詞には三つの求心力がはたらいている。ひとつは「花」「逢う」「春」「女」に広がる〈花〉。ふたつめは「泣く」「涙」「雨」「しずく」と展開する「涙」の〈花〉。そして第三が、「流れる」「撫でる」の「流れ」の〈花〉である。涙にも通じるこの流れは、つながることなくして言葉になることのできない文字であるところのひらがな＝女手の宿命的スタイルでもある。この「流れ」は男女の出会いと別れをつなぐ恋文の象徴でもある。

撫でると刻ると

この二番の歌詞に「泣いちゃいけないよわ虫と／わたしの髪を　撫でた人」とある。「撫でる」は、筆を傾けてひらがなの文字を書いていくときの基本的触覚でもある。一方、中国では文字を書くことは、鑿《のみ》で、石に刻ることの触覚になる。中国では漢字を書くことは刻ること。基本的に筆を垂直に立てて刻りきざんでいくように書く。少し書き損じたら、二度書きしてでも直す、それは、中国で書くことの基盤が石に刻ることにあるからだ。他方、文字をつづけて書く日本のひらがな語では、一度きり書くのが原則で、二度書きやなぞり書きはタブーである。漢字は一字で一語であるから、楷書体や行書体では一字一字切り離して書けばいい。しかし、数文字結合連合することによって、はじめて一語となることができるひらがなでは、さらさらすらすらと流れるように書く。このとき筆先は紙に対して斜に接し、紙に対し撫でるような触覚で書くことになるのだ。

日本で一番の筆の産地は広島県の熊野だが、書道を嗜む人が少なくなってきて、熊野の筆づくりが成りたちがたくなってきた。そこで製筆産業の再生を図ったのが、撫でる道具である女性用の化粧筆作りであった。これで産地は生き返り、再び陽があたるようになってきたと聞く。中国の筆の産地ではそうはならない。なぜなら中国の筆は先が鋭く尖り、文字を刻み込む鑿だからである。熊野の化粧筆はさらさら、すらすら書くひらがなとともにある日本の美学が生んだ新商品である。鑿の比喩であり続ける中国の製筆業界からは思いもつかなかった発想であったことだろう。

涙の詩学、散る美学

次に森山直太朗、御徒町凧共作の「さくら（独唱）」。

二十一世紀に入ってからの作だが、これは相当に古風な歌詞である。

さくら　さくら　今、咲き誇る
刹那に散りゆく運命と知って
さらば友よ　旅立ちの刻　変わらないその想いを　今
（中略）
さくら　さくら　ただ舞い落ちる
いつか生まれ変わる瞬間を信じ
泣くな友よ　今惜別の時　飾らないあの笑顔で　さあ

さくら　さくら　いざ舞い上がれ
永遠にさんざめく光を浴びて
さらば友よ　またこの場所で会おう　さくら舞い散る道の上で

桜、散る、旅立ち、別れ、泣く——そこに散る＝別れの美学がある。散る美学は日本の〈花〉の中に深く入り込んでいる。〈花〉が咲く、それがいつまでも美しく咲きつづけているところに光を当てずに、桜は散るのがいいと、散るところを強調する。絢爛豪華に咲いている姿に美を見出すのではなく、はらはらと〈花〉びらが落ち、あるいは雪のように舞い、また、川面に散った〈花〉びらが筏のように流れていく、そこに目を留めるのだ。それは、〈花〉は「端」であり「鼻」であり「話」であり「離」、つまり「はな」という語が内包する「離れる」という意味からきている。

原型は平安時代の通い婚。男性が夜通ってくることをただひたすら女は待ちつづけるスタイルから生れた。待っている間に月を見る。共に過ごした夜もあれば、空しく明けてしまった朝もあると思いを馳せる。月が鏡であったならと想像もする。運よく通ってくれたとしても、朝になれば別れ、帰っていく。そこから別れと離れの物語が日本語の〈花〉の中に構造的に組みこまれた、と考えれば日本語の〈花〉の正体がわかる。「はなれる」こそが「はな」なのだ。ここで流行歌を話題にしたのは、これこそが日本語とともに生活の日課《ルーティン》のひとつとつをたいせつにしながら普通に生活する者のごく身近にあるからである。普通の民衆が歌う流行歌の歌詞には現在の日本の生活者の美意識が隠れている。流行歌は現在の日本人が何を考えているかを探るひとつの大きな材料を提供してくれるからである。

日中で異なる散華

これまでのべてきたように、日本語の〈花〉は、離れる＝別離という意味を内包している。『万葉集』の「梅」からひらがなが登場して「桜」が花の代表と考えられるようになった。「はな＝はなれる」は『古今和歌集』の「桜」になることによって、その離れ＝別離の意味を増幅した。寒い雪の中で耐えて咲きほこる「梅」、これが中国での〈花〉の美学である。日本の「桜」は、すぐ満開になり、あわただしく散り、離れる。「華《ファ》」が「花《カ》」となり、「離《はな》れる」の〈花《はな》〉になることによって、別離を内包したのだ。別れることを美しいとし、そこに、ひとつの感傷的な美学が生じ、別離＝別れることに陶酔する。そういう意味を日本語（漢字語とひらがな語の結合）の〈花〉という言葉は隠しもつことになった。やがてそれが漢字語にまで波及し、「散華《さんげ》」にまで及んだ。仏教語で仏の供養のために花を撒くことを意味する「散華」は、日本でも、無惨な戦死を「華のように散った」と形容してこの意味で転用した。「貴様と俺とは　同期の桜　同じ兵学校の　庭に咲く　咲いた花なら　散るのは覚悟　みごと散りましょ国のため……離れ離れに　散ろうとも　花の都の　靖国神社　春の梢に　咲いて会おう」という歌詞が西条八十作詞の「同期の桜」の中にあったが、ここでは咲いた花以上に散る〈花〉を讃えている。こういう美的情緒に導かれて若い日本兵は死んでいった。それにしても「華のように散る」とか「花々しく散る」という用語が戦死者にふさわしい形象としてはたらく日本語はいささか薄気味悪くはないだろうか。

中国では六朝時代になると花木の専門書が現れる。随唐時代、とりわけ唐代の中晩期になると花卉の栽培が盛んになり、次々と花譜が登場し、宋代になると科学的な関心も昂じて、欧陽脩の『洛陽牡丹記』をはじめ、芍薬、菊、梅、蘭、海棠など専門的な花譜が出版されるに至った。

漢字語では哲学的、宗教的、科学的な意味合いの〈花〉をひらがな語は美学的、感傷的な〈花〉に変えてしまう。漢語では「華」の中に「離れる」という意味が入り込む余地がない。日本語の場合は「はな」となることから、離れる、別れる意味までここに入り込んでくる。

そこでこういう歌詞が若い人からも出てくるのである。

「はな」は男と女が別れることを内包する。別れと、次なる同化、一体化の願望がここに生じる。その双方の欲求が強くなったとき、情死と心中の美学も生じた。情死と心中は江戸時代になると文学的な一大テーマになる。今でも、同化し続けていたいという思いが情死や心中物を再生産している。その原因は、ひらがな語の「はな（離）」にある。だから日本語においては、ひらがな語の放縦を省み、漢字語で考え直してみるという視点も忘れないほうがいい。漢字語の制御を失ったひらがな語の放埓は、世界大では少々おかしな文化を生むからである。

〈花〉と春

若い人が作った現在の流行歌になぜこんな歌詞が出てくるのか、そして、これらの歌が日本でヒットする理由もわかるだろう。漢語の「華」は、曼珠沙華のような一輪の花がすっくと咲いている、そういうものだと考えてよい。ひらがな語ができたとき「華」の文字に「さかえ《栄》」とか「はえ《映》」だとか「さく《咲》」のような語を当てはめていたならば、〈花〉と別れの一体化はこれほどまでに肥大化することはなかっただろう。

繰り返すことになるが、〈花〉は自然の〈花〉と文化の〈花〉、という二つの広がりをもっている。そして〈花〉は四季、性愛と一体化している。東アジアには春夏秋冬を色で喩える。青春、朱夏、白秋、玄冬の語がある。現在の日本では、青春だけが、今なお現役のことばとして残っている。これは、〈花〉の咲く季節、春だからである。春は日本では性のシンボルである。「春情」とは男が女を求め、女が男を求める情感。「春本」は男女がまぐわう情景を書いている本。「春画」は男女のまぐわいを描いた図画。売春、買春があり売買春宿があるように、日本では「春」は男女の性の関係を暗喩する。

〈花〉もまた。「花代」は花柳界で芸者にわたすチップ。「花盛り」の盛りは、春情の頃。犬などの交尾を「盛り」という。「花街」は男女のまぐわう場所であり、「花柳界」も同じ。花街の花形「おいらん」は「花魁」と書く。このように、春と花は含意を同じくし、相い通じている。

春は性愛の季節。このように四季と恋愛・性愛は同じ意味合いで表現されている。道元の「春は花、夏ほととぎす、秋は月、冬雪さえてすゞしかりけり」の歌はたんに花、ほととぎす、月、雪の景物を歌っているのではない。「ほととぎす」――鳥には二つの意味合いがある。相手を呼んで「鳴く（泣く）」のがひとつ。もうひとつは遠くから音信を連れて飛んでくる、「訪れ」でもある。鳥はまた伝書鳩に代表される、文＝手紙の比喩でもある。流行歌には手紙や文も意外とよく出てくる。最近はあまり手紙は書かず、メールですますようだが、それでも流行歌にはしばしば自分の思いを伝える恋文である手紙が出てくる。

アンジェラ・アキに「手紙――拝啓十五の君へ」の歌があり、町田紀彦作詞の「secret base――君がくれたもの」に

手紙　書くよ　電話もするよ
忘れないでね　僕のことを
いつまでも　二人の　基地の中

の歌詞がある。

月は人を待つ月、人を想う月。

冬は雪、雪が降るから恋しい男が訪ねてきてくれない、早く春になって男に通って来て欲しいという思いを歌う。

花につけ、鳥につけ、月につけ、雪につけ、異性を思う。恋をし、一夜を共にし、翌朝に

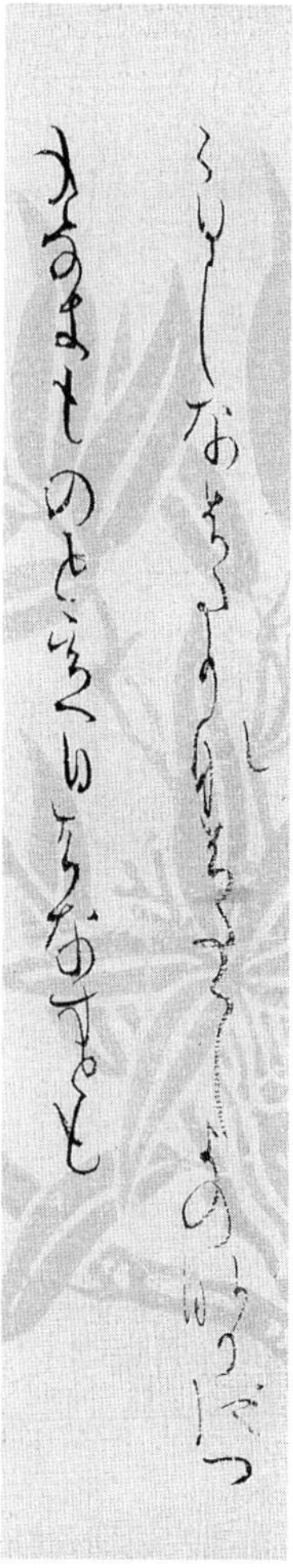

古今和歌集（603）
（『本阿弥切』より）

は別れる、その別れの辛さに泣き、涙をこぼす。さらには「こいしぬ」——恋しさのあまり死ぬのである。これは江戸時代の心中物に繋がる。一九六〇年第一次安保闘争の後「アカシアの雨にうたれて／このまま死んでしまいたい」と西田佐知子が唄って大ヒットしたが、恋人と一緒なら死ぬ必要はないし、別れたからといって死ぬ必要もないのになぜ死にたいと言うのか。これは「こひしぬ」の伝統。ひらがなの文字に隠されている文体が、日本人に強要するのだ。

こひ《日》しなは《者》た《多》か《可》な《那》は《者》た《多》丶しよのな《那》か《可》につね《年》なき《支》ものとい《意》ひ《日》は《者》なすとも（603）

（私が恋い死にしたら、あなたの名が立たないではすみませんよ。「人の世は無常だから死ぬのです」と言葉を残しておいたとしても。）

このように、日本語の花、鳥、月、雪などの季語はたんに季節を愛でるだけでなく、性愛語が重ね合わせ（袷、襲）られている「花語」とでも呼ぶべきものである。これは雪を「風花《かざばな》」と呼ぶことにも通じている。

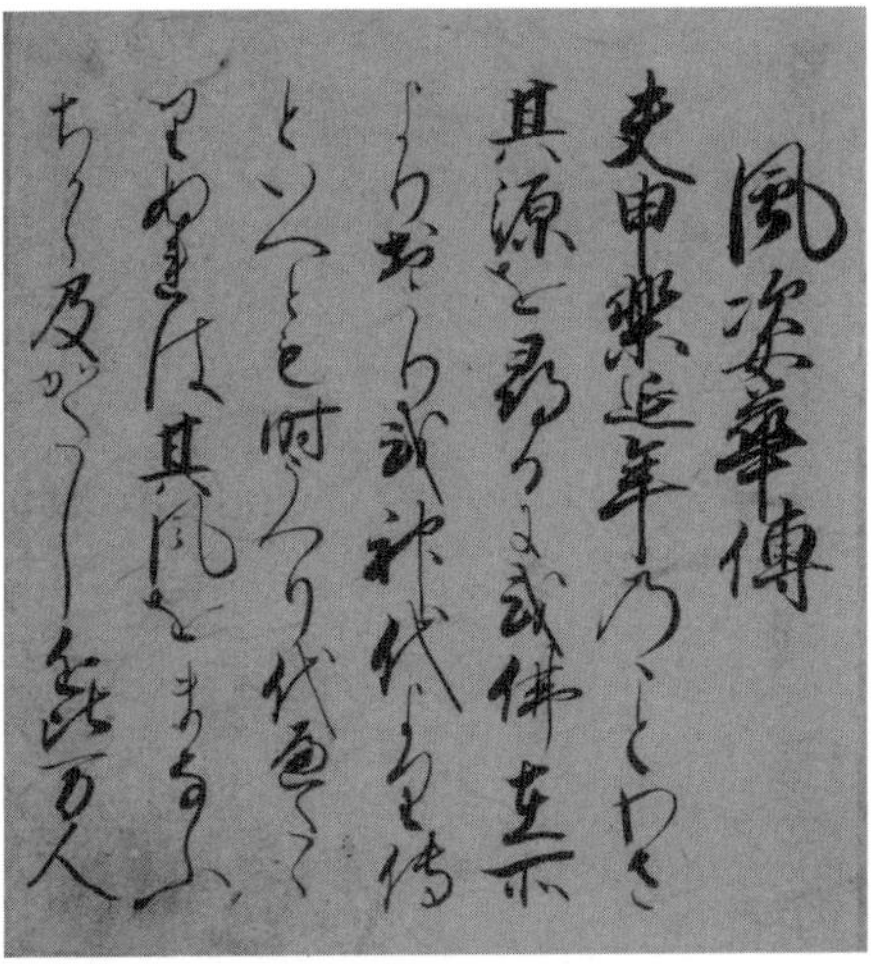

『花伝書』（生駒山寶山寺蔵）

秘すれば花なり

花、はな、ハナ。あふれかえりむせかえるような花、はな、ハナ。日本人はというべきか、日本語人はこれまで述べてきたようなひろがりをもつ〈花〉とともに生きてきた。

たとえば、世阿弥の『風姿花伝（花伝書）』、花伝第七別紙口絵、

一、この口伝《くでん》に、花を知ること。まづ、仮令《りょう》、花の咲くを見て、万《よろず》に花と譬《たと》へ始めし

理《ことわり》を辨《わきま》ふべし。

そもそも花と云ふに、万木千草《ばんぼくせんさう》において、四季折節《をりふし》に咲くものなれば、その時を得て珍しきゆゑに翫《もてあそぶ》なり。申楽《さるがく》も、人の心に珍しきと知る所、すなはち、面白き心なり。花と、面白きと、珍しきと、これ三つは同じ心なり。いづれの花か散らで残るべき。散るゆゑによりて、咲く頃あれば珍らしきなり。能も住《じゅう》する所なきを、まづ花と知るべし。住《じゅう》せずして余《よ》の風体《ふうてい》に移れば、珍らしきなり。

ただし、様《やう》あり。珍らしきと云へばとて、世になき風体をし出《い》だすにてはあるべからず。

（中略）

一、秘《ひ》する花を知ること。「秘《ひ》すれば花なり、秘《ひ》せずば花なるべからず」となり。この分《わ》け目《め》を知ること、肝要の花なり。そもそも、一切の事《じ》、諸道芸《しょどうげい》において、その家々に秘事と申すは、秘するによりて大用《たいよう》あるがゆゑなり。しかれば、秘事と云ふことを現《あらわ》せば、させることにてもなきものなり。これを、「させることにてもなし」と云ふ人は、いまだ秘事と云ふことの大用《たいよう》を知らぬがゆゑなり。

（中略）

一、……また、時分にも恐るべし。去年《こぞ》盛りあらば、今年《ことし》は花なかるべきことを知るべし。時の間にも男時・女時とてあるべし。

これは、世阿弥の有名な『花伝書』。最近は『風姿花伝』というが、この中で世阿弥は能を舞うことを〈花〉にたとえている。その別紙口伝の中に、「この口伝に、花を知ること。まづ、仮令、花の咲くを見て、万に花と譬へ始めし理を辨ふべし」とある。能を舞うことをなぜ〈花〉にたとえたかを説明しているが、これはひらがなの美学の中に自分を浸して、〈花〉にたとえるのが一番ふさわしいとしている。また「そもそも花と云ふに、万木千草《ばんぼくせんさう》において、四季折節《をりふし》に咲くものなれば、その時を得て珍しきゆゑに翫なり。」という。〈花〉は四季折節に咲き、その咲く「時を得た」からこそ、これをもてあそぶのである。「申楽も、人の心に珍しきと知る所、すなはち、面白き心なり」――能のほうも見ている人の時宜にかなって新鮮だと思われる、それが一番の要だという。

続いて「花と、面白きと珍しきと、これ三つは同じ心なり。いづれの花か散らで残るべき」とある。「××君の芸には花がある」というときの花。この花の意味を説明するのはむずかしいが、華やかであり、季節的であり、性的な魅力をひめた意味であることは間違いない。

面白き――顔が白くなること、ある種のカタルシスを感じること、めづらし――賞讃すべきこととは同じ心、つまり同じ種から生じてくるとする。

そしてここでも〈花〉は散るものとして登場する。どうして〈花〉は散らずに残っているというようなことがあろうか、そんなことはありえない。「散るゆゑによりて、咲く頃あれば珍しきなり」、散るからこそ咲くときが新鮮で賞讃すべきなのだというひらがなの花＝離＝散の美学に回収されている。「能も住する所なきを、まづ花と知るべし」、能も定型化せず、いつも同じような形で終わらない、それが能の〈花〉なのだという。「住せずして、余のふうてい（風体）に移れば」――ひとところに安住しないで、違った表現になれば、これは新鮮で良いのだとしている。

ただし少し気をつけることがある。「珍しきなり」、珍しいからといって、世の中に存在しないような珍奇なものは作らないように。それは決して〈花〉ではない、とも述べている。付け加えておくと、有名な「秘すれば花なり」なる句は、この『花伝書』からきている。「秘すれば花なり、秘せずば花なるべからず、となり」秘密にするから〈花〉、秘伝にするから〈花〉なのだという。「この分け目を知ること、肝要の花なり」、これも今でも大事なことである。神秘的なのが良いのだというように解釈してもよいし、ちょっと秘密にしておくのがよいのだとしてもよい。開けっぴろげは〈花〉ではない。咲くとき散るときに折節というものがある。のべつまくなしではなく一つひとつのけじめというものが必要である。そして「そもそも、一切の事《じ》、諸道芸《しょどうげい》において、その家々に秘事《ひじ》と申すは、秘するによりて大用《たいよう》あるがゆゑなり」――それぞれの家に秘事があり、しかもそれは口伝によって芸を伝える。今でも京都あたりの老舗の製造者には、一子相伝という制度がある。なぜ秘事にするか、秘することと自体に意味があるからである。秘伝といっても、明らかになったところでたいしたことはないのだけれど、それを大したものではないのだと言ってはいけない。そうではなくて、大事にもちそれを伝える、そのけじめ、それが〈花〉なのだと教える。秘伝を伝え聞いても「そんなことはすでに知っている、解っている」で終わるかもしれない。しかし、秘密にされて、その人がわかるようになってから打ち明けられて、わかればそれこそが〈花〉になる、それが大事なのだというのである。「それはひみつ」などと日本の女性はしばしば口走る。それは漢字語とひらがな語の二重、二併性から生じる美学である。和歌の書の美学に二つの行や句を重ね書きする例や、わざと書き変えたところが見えるように消す見消の例がある。これは袷せ襲ねに通じる美学である。合わせ重ねることによって一方をかくす。かくされたことは秘密となる。「秘する」の「秘」は漢字語であるが、全体としてはこのようなひらがなの美学として成立している。「秘する」は永遠にかくしつづけることとはちがうのである。

もうひとつ世阿弥の『花伝書』の中に、これは今でも使う言葉、「男時・女時」がでてくる。「時の間にも、男時、女時とてあるべし。いかにすれども、能にも、よき時あれば、かならずまた悪きことあり。これ力なき因果なり。……この男時・女時とは、一切の勝負に、さだめて一方色めきて、よき時分になることあり。これを男時と心得べし。勝負の物数久しければ、両方へ移り変り移り変りすべし」とする。この男時とはものごとが盛んに活発に動いていくとき、女時というのは少しそれが控えられるときを指す。ここで重要なのは、時間についても男時・女時という使い方をしていることである。一番の対の比喩として必ずしも左右対称ではなく、斜めに対称する男女が使われ、その男女が比喩的に〈花〉につながっているのである。

「いき」の構造と〈花〉の構造

本書で「〈花〉の構造」を何とか明らかにしようと企図したきっかけは、昭和五年に出された九鬼周造の『「いき」の構造』にある。学生時代に、この本を読んだとき、ふだんなにげなく使っている「いき」という言葉にこれほど深い背景があるのかと興味深く感じたと同時に、

「いき」というスタイルにそれほど重大な価値があるのだろうかという違和感もあった。その後、書、書くこと、文字、ことば、日本語について少しずつ解き明かしていくうちに、『「いき」の構造』よりも「〈花〉の構造」という観点からのほうが、日本文化や日本人の構造的スタイルを的確に説明できると思えてきた。

東京生れで、京都帝国大学教授を務めた九鬼周造は、「粋」の「いき」について、「生きる」の「いき」、「息をする」の「いき」、「行き帰り」の「いき」、そして「心意気」としての「いき」、それらを語源と考え、「いき」という現象を考察した。

『「いき」の構造』

結論的に「いき」とは「あか抜けていて（諦観を持っていて）、張りのある（意気地）、色っぽさ（媚態）」だと結論づける。「いき」は第一に「媚態」「なまめかしさ」「つやっぽさ」、第二に「意気」「意気地」「いなせ」「いきみ」「伝統」、第三に「諦め」「あっさり」「すっきり」「瀟洒たる心持」の三者の合体。つまり「色っぽさ（媚態）」と「誇りのある（意気地）」「垢抜（諦）」の三つの要素から「粋」というものを考えて、それが「大和民族の特殊の存在対応の顕著な自己表現の一つである」と結論づけた。

書かれたのが、戦時という時代のせいもあろうが、「大和民族の」などと大仰に結論づけると、お江戸の有閑層の美学の分析としては一流の仕上がりであっても、その名に傷がつくというものだろう。知っていてかあるいは知らずにか、日本のお国ことばから書きことばへと上昇し定着した「いき（生・息）」を、明らかに起源を異にする漢字語の意気軒昂、意気銷沈、意気揚々の「意気」と区別しないで、あるいはその相互浸透過程への言及を避けて考察するところには大いに疑念が残る。

九鬼もまた日本語を単一言語と考え、漢字語とひらがな語の混合体として日本語があることに気づかなかったのである。

日本は自己愛の渦中にいる

最近はあまり使わなくなったが、「粋《いき》」という語彙は高度成長期ころまでは身辺によく「生き」ていた。「粋」は九鬼周造の生まれ育った環境を象徴するように、江戸の花街芸者のひとつの美学である。九鬼は江戸から京都に来て、江戸と京都の文化の違いから「粋」という言葉とスタイルを考察した。関西では「粋」（いき）とは言わず、漢字の音のまま「粋」（すい）と言う。「いきな人」とはいわずに「粋《すい》なお人」「粋人《すいじん》」と言うのである。「いき」というのは江戸で育てられた美学であり、江戸の有閑層、遊び人にもてはやされた美学である。しかしその「いき」の構造を根元で支えているのは「〈花〉の構造」であると言える。関西ではそれを象徴する言葉として「はんなり＝花なり」がある。この〈花〉こそが日本語を構成する重要にして最大の美学である。たしかにひらがな語の美学は日本人の心情に奥深く隠れている。しかし日本語はそれだけで成立するわけではない。漢字語と合わせて、やっと一人前の日本語になる。「いき」にせよ「はな」にせよ、それは漢字語とともにあって、漢字語の抑制の下で、はじめて美しく生きることになる。

「いき」だ「はな」だ、あるいは「わび」だ「さび」だ、「ほそみ」だ「しをり」だ、日本は素晴らしいのだ、日本は良いのだ、と盲目的に連呼するのでなく、漢字語でそれを相対化し、自己批評し、冷静に検討した上で日本語、日本文化、日本人というのは何かをしっかりと腰をすえて分析、解析し、その限界と可能性を知り、どの方向に向けて日本語を改革、改良すべきかを明らかにする必要があろう。

結論的にいえば、現在は、「政治・宗教・哲学・思想」分野の表現を担う漢字語の再建こ

そが日本語にとって急務である。ひらがな語、カタカナ語の繚乱では、世界とつきあってい
く上で欠かせないこの分野の思考がすっぽりと脱け落ちるからである。

終章　〈花〉語の日本文化

〈花〉を総括する

日本の〈花〉は、ひらがな歌＝和歌の展開とともに、特異な発達をみせた。〈花〉の背後に性愛＝恋愛を貼りつけることによって四季の景物にとどまらない「花語」の深みを形成してきた。

かつて、大半が男のむさくるしい職場の中で奮闘する女性社員を、「職場の〈花〉」と呼んだ時代がある。この用語には、女性軽視の臭いも含まれているが、また女性美化でもあった。女性社員が周囲に花やぎと安らぎ、和みの雰囲気を醸し出すのも事実であった。私の田舎の小学校では、「先生のお気に入り（ティーチャーズペット）」を、「花ちゃん」と呼んでいた。これらの「花」は、女性であり、光りであり輝きを意味した。「花を添える」と言えば、その「花」は希望や色彩の輝きをも含意した。

それでは、日本語の「花」は、現在どのような意味を有して生きつづけているのだろうか。

美

「はなやか」は盛んに光を発するさま。きらびやかであり、美しさは目を奪う。きわだち、はっきりしている。盛んであり、栄えている。名誉であり、栄華である。「花の都」もある。

「はな」を二度繰りかえす「はなばなしい」はそれを強調した表現である。「花漆」はぴかぴかと光沢のある漆。「火事と喧嘩は江戸の花」ともなる。

時機

「花めく」「花盛り」などは四季の時間的な展開を内包し、時機と深い関係をもつ表現である。花の盛りの時をいう「花時」なることばもある。花は蕾から時機を得て「花開く」のである。そしてはかなくも美しい「花の命」がある。「花時計」のアイデアも花と時間ののっぴきならない関係に生じたものだろう。

性愛

「花開く」つまり「花」は性愛を含意する。「花嫁」「花婿」があり、「花妻」もまたいる。花は色に同じ。色の町「花街」があり、もともとは春にさきがけて咲く梅の別名である「花魁《おいらん》」は、ピカ一の遊女を指す。芸者や娼妓への揚代を「花代」また「花」と言う。

女

「花形」は、性別に関係なく、若くて人気あるスターを指すが、「職場の花」も「花ちゃん」も女性を指すことが多い。「花揃え」というのは、きれいどころの勢ぞろいを指す。

平塚らいてふの「元始女性は太陽であった」という名句は、太陽＝光＝生命＝花へとつながっているではないか。

おおまかに言って、花を光と見るこの種の「花」の語法は世界中それほど変わることはないだろうが、日本語の「花」は一風変わった意味を匿している。

それは、この「生命」を象徴する「輝き」「光」「希望」や「色彩」がその背後に「死」を匿し、それゆえにこそ輝くという、仏教思想にもつながる深みを宿すことである。

「輝き」「光り」「照り」「色なす」それゆえ「希望」でもあり「安らぎ」「和み」でもある「花」が、日本語では、その裏側に絶えず死と滅びを内包しつづけている。そして、この裏側の意味の方が、「花」のほんとうの意味であるかのようにふるまうことさえある。それは同期の桜の「咲いた花なら　散るのは覚悟　みごと散りましょ　国のため」の自爆思想ともつながっていく。

現在の中近東発の内戦、外戦での「自爆」というおぞましい戦術が日本語の「花」の思想

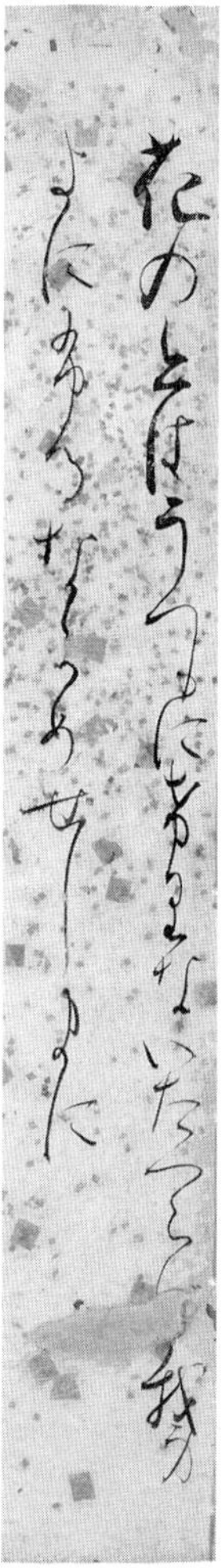

古今和歌集（113）
（『元永本古今集〈上〉一』より）

から生れた特攻に起因していることには、日本（語）人は深く内省すべきではないだろうか。

風

「花風」――花の盛りに、花を散らす風が吹く。それどころか「花嵐」も来る。そして、「花吹雪」となり、散った花びらは地では「花莚《むしろ》」「花絨緞」となり、川では「花筏」となって流れていく。

雨と涙

花を散らす雨「花の雨」があり、また花が雨と化し、雨のように降る「花の雨」もある。

花の色はうつり《利》にけ《希》り《里》ないたつらに我身よにふ《布》るなか《可》めせしまに（113）
（花の色は長雨でもうすっかり色あせてしまったなあ。私がぼんやりとむだに日々を物思いして、過してしまったうちに。）

——花の色はやがてあせてゆく。

子供のころ、習字のための水は、朝早く起きて、草の葉の上の露の玉を集めて来て磨るとよいと教えられたが、草ならぬ、「花の露」「花の雫」なるひらがな語がある。露草や蓮の葉や里芋の葉の露やその雫はなじみのもの。「花の露」や「花の雫」を雅語と割り切ってもよいが、「花」は生殖器官で、女性を暗喩することに鑑みれば、露や雫は、男性生殖器からの分泌液つまり精液の比喩ととらえることもできるだろう。ちなみに、中国の書（雑体書）とその影響下の日本の空海においては、雫型は「垂露（したたり落ちる露）」と呼ばれ、それは「蝌蚪《かと》（おたまじゃくし）」型と酷似した形を見せる。垂露と蝌蚪は書においても重大な意味をもつ。

　生命を生み出す精力みなぎり、光と輝きに満ちたものでありながら、それが「はかなさ」を背後にもつ露や雫として表現される。そして、その「はかなさ」の認識を媒介にして露や雫は、涙と比喩でつながる。

悲しみの涙が降る雨、「涙雨」があり、雨のようにはげしく流れ落ちる「涙の雨」があり、やがてそれは「涙の川」となり、はては「涙の滝」にまでなる。

「花」をくだく雨は、その「はかなさ」を媒介にして、恋愛をくだく雨となり、それを嘆く「涙」と化す。日本語の「花」はその裏側に悲しみの「涙」をたたえている。そこにひらがな語の〈花〉のきわだった特質がある。花は「離れ」「別れ」を含んでいるのである。

死

散る花、そして愛の別れ、その「かりそめ」。

かつて不倫をかぎつけ迫り来るテレビ取材に、「不倫は文化だ」と言い放ったタレントがいたが、浮気な心、かりそめのあだ心をひらがな語では「花心」という。生命と光の象徴である「花」がかりそめのものにすぎないという意味を強め、やがては死をも暗喩することになる。

そして「男の花道」——花道といっても堂々と入場する道ではない。大相撲を見れば明らかなように入場する力士の姿ではなく、一番とり終え、勝って意気揚々とあるいは負けて首うなだれて、負けてもさばさばと退場する力士の姿に「花」がある。歌舞伎でも花道から消えるときにゃんやの拍手喝采となる。西欧に「男の後姿」「親爺の背中」なる美意識があるかどうかは知らないが、ひらがな語では引退や終焉こそが「花道」なのである。これは東アジアの仏教思想と密接に関係があろう。イエスの誕生を神格化する西欧とは異なり東アジアでは、誕生日は記憶することも記念することも少ないが、亡くなった忌日は記憶しつづけるべきものである。それは、ブッダの入寂、涅槃を神格化から生じたものでもある。〈花〉は四季と性愛に、性愛は別れ、そして死に、別れは涙に、かくて〈花〉は涙へと転じる。ここにひらがな語の「はな」が育てたスタイルがある。

友がみなわれよりえらく
見ゆる日よ花を買ひきて
妻と親しむ
（石川啄木）

けふから　ぼくらは泣かない
きのふまでのように　もう世界は
うつくしくもなくなつたから　そうして

針のやうなことばをあつめて　悲惨な
出来ごとを生活のなかからみつけ
つき刺す

（吉本隆明「涙が涸れる」）

〈花〉――これまで明らかにしてきたように、たしかにここに、日本語と日本文化と日本人のスタイルを解く大きな鍵がある。だが、それは、日本語と日本文化と日本人のスタイルのすべてではない。なぜなら日本語はひらがな語だけではなく、それを捨消しては日本語たりえない漢字語からも成っているからだ。政治と宗教と思想・哲学分野の表現を担う漢字語は、「〈花〉の構造」にとどまることのない汎東アジア的な思索と文化的スタイルを有している。そこに錘鉛を深くしずめる営為がいまとても重要だと思われる。

あとがき

近年、イギリスで浮世絵の春画が珍しがられたとかで、二〇一五年、日本でも春画展が開催された。また、少し前の話だが、中国西安で日本人留学生達が、座興のつもりで披露した裸踊りが中国人学生から想像を絶する顰蹙をかった。こういう西欧のみならず、中国からも好奇の目で見られる特異な文化が日本にある。これを領導するのが「ひらがな語」であり、それを解く鍵が〈花〉にある――このような予測があって、〈花〉についてあれこれ考えつづけてきた。

ある時、植物図鑑をぱらぱらと開いていると「花」の解剖図がとびこんできた。このとき美と性とをつなぐ日本語の〈花〉について構造的に語るヒントが与えられた。

そこで二〇一四年、京都精華大学で六回にわたって「〈花〉の構造――花と日本人」と題する講義を行った。本書はその講義録に加筆、削除訂正を加えて成ったものである。学生、一般の諸君を相手の公開講座であったため、繰り返しや関連の余談も多少残っていることについてはご海容願いたい。

「〈花〉漫録」というべき書物となったが、今は、日本語における〈花〉の深みまで、的をはずさずに手がとどいていることを願うばかりである。

最後に、ミネルヴァ書房社長・杉田啓三氏および担当編集者・堀川健太郎氏の多大の労には深く謝意を表しておきたい。

平成二十八（二〇一六）年二月四日

石川九楊

人名索引

や・わ行

事項索引

さ　行

た　行

な　行

は 行

ま 行

や 行

ら・わ行

《著者紹介》

石川九楊（いしかわ・きゅうよう）

1945年　福井県越前市生まれ。
　　　　京都大学法学部卒業。
現　在　書家，評論家，京都精華大学客員教授。
主　著『書の終焉』同朋舎出版，1990年，サントリー学芸賞受賞。
　　　『中国書史』京都大学学術出版会，1996年。
　　　『日本書史』名古屋大学出版会，2001年，毎日出版文化賞受賞。
　　　『近代書史』名古屋大学出版会，2009年，大佛次郎賞受賞。
　　　『日本の文字』ちくま新書，2013年。
　　　『日本語とはどういう言語か』講談社学術文庫，2015年。

ミネルヴァ現代叢書①

〈花〉の構造

――日本文化の基層――

2016年4月15日　初版第1刷発行　〈検印省略〉
2016年7月15日　初版第2刷発行

定価はカバーに
表示しています

著　者　石　川　九　楊
発行者　杉　田　啓　三
印刷者　田　中　雅　博

発行所　株式会社　ミネルヴァ書房

607-8494　京都市山科区日ノ岡堤谷町1
電話代表（075）581-5191
振替口座 01020-0-8076

創栄図書印刷・新生製本

ISBN978-4-623-07518-8
Printed in Japan

季刊

文字

石川九楊　責任編集

文字と書字の文化・文明に対する役割を明らかにし、
文字や書字と宗教・国家・社会の問題に接近する季刊雑誌。

創刊号●佐藤道信／渡辺　保／三浦雅士／宇佐美圭司／森　博達／石川九楊／夏目房之介／伊藤　滋／武村知子

第二号●青木和夫／ツベタナ・クリステワ／高橋　享／杉本秀太郎／竹貫元勝／石川九楊／柳父　章／吉増剛造／夏目房之介／伊藤　滋

第三号●池田　修／野崎充彦／亀井俊介／吉増剛造／夏目房之介／伊藤　滋／武村知子

第四号●石川九楊／草森紳一／木原壯林／須藤靖明／養老孟司／吉増剛造／夏目房之介／伊藤　滋／柳父　章

第五号●今村仁司／新宮一成／小松英雄／佐伯順子／石川九楊／吉増剛造／夏目房之介／伊藤　滋

第六号●白石　隆／朱　建栄／田中正人／石川九楊／吉増剛造／夏目房之介／池内　紀

終刊号●草森紳一／石川九楊／三谷太一郎／北岡伸一／山室信一／加藤秀俊／吉増剛造／夏目房之介／武村知子

別冊Ⅰ●宮　一穂「古典読むべし歴史知るべし」

発行　**京都精華大学文字文明研究所**　Ａ５変型　２１００円

創刊号246頁／**第二号**242頁／**第三号**216頁／**第四号**242頁／**第五号**246頁／**第六号**184頁／**終刊号**296頁／**別冊Ⅰ**184頁

ミネルヴァ書房
http://www.minervashobo.co.jp